체스의 기본
Chess Fundamentals

호세 라울 카파블랑카 지음
유정훈 옮김

필요
한책

■ 본서의 번역 저본은 J. R. Capablanca의 『Chess Fundamentals』 17쇄(1949)이며 『Chess Fundamentals』(2018, SDE Publishing)를 참조하였습니다.

■ 각주들 중 (원) 표시가 있는 것은 원저에 달려 있는 주석이며 그 외의 주석은 번역자가 작성한 것입니다.

■ 이 책에서 사용된 글꼴은 제주명조체, 함초롬바탕, G마켓 산스 TTF, KoPub바탕체, KoPub돋움체, KBIZ한마음명조체, Old English Text MT, Rage Italic입니다.

목차

자신의 흉상과 함께 서 있는 호세 라울 카파블랑카(왼쪽) ⓒ프랑스국립도서관

서문

『체스의 기본』은 지금으로부터 13년 전에 처음 출간되었습니다. 그 이후로 소위 하이퍼모던 이론을 다루는 많은 글들이 여러 시기에 등장했습니다. 그 글을 읽은 사람들은 뭔가 매우 중요한 새로운 것이 발견되었다고 생각했을 것입니다.

그러나 사실 하이퍼모던 이론은 일반적으로 오프닝 단계에서의 다소 새로운 전술이라는 수단을 통해 오래되고 동일한 원리를 적용한 것에 불과합니다. 기본에는 아무런 변화가 없었습니다. 그런 변화는 단지 형태의 변화일 뿐, 언제나 최선의 변화는 아니었습니다.

체스에서 전술은 바뀔지 몰라도 전략적 기본 원칙은 항상 같기 때문에 『체스의 기본』은 13년 전과 마찬가지로 지금도 유효합니다. 사실 게임의 법칙과 원칙이 지금 그대로 남아 있는 한, 지금으로부터 100년 후에도 유효할 것입니다. 따라서 독자는 필요로 하는 모든 것이 있고, 덧붙일 것도 없고 바꿀 것도 없다는 확신을 갖고 이 책의 내용을 검토하길 바랍니다. 『체스의 기본』은 13년 전만 해도 그런 종류의 유일한 표준이었으며, 필자는 현재도 그런 종류의 유일한 표준이라고 굳게 믿습니다.

J. R. 카파블랑카

1934년 9월 1일

뉴욕

12세기 샤트란지(체스의 페르시아 원형) 기물 ⓒ메트로폴리탄미술관

PART 01

*체스 기보 읽는 법

킹King=K   퀸Queen=Q   룩Rook=R

비숍Bishop=B   나이트Knight=N

폰Pawn은 약어로 따로 표기하지 않고 칸의 기호로만 나타냄

파일File   체스보드 세로줄을 뜻하며 체스보드에는 알파벳
            (a~h)으로 표기

랭크Rank   체스보드 가로줄을 뜻하며 체스보드에는 숫자
            (1~8)로 표기

x   x 앞의 기물이 x 뒤의 기물을 잡는 것

+   체크   #   체크메이트

0-0   킹사이드(e, f, g, h파일) 캐슬링

0-0-0   퀸사이드(a, b, c, d파일) 캐슬링

!   좋은 수   !!   아주 좋은 수

?   실수   ??   심각한 실수

!?   흥미로운 수   ?!   의심되는 수

1-0   백 승   0-1   흑 승

1/2-1/2   비김

...   흑 차례의 수

e.p.   앙파상

폰 승진   폰의 기보 끝에 승진된 기물의 약어를 표기
            (예: 폰이 h8에 와서 퀸으로 승진한 경우 h8Q)

1장
첫 번째 원칙:
엔딩, 미들게임과 오프닝

연구생이 해야 할 첫 번째 목표는 기물의 능력에 익숙해지는 것입니다. 이는 간단한 메이트들을 얼마나 빨리 완수하는지 배움으로써 가장 잘 익힐 수 있습니다.

1. 간단한 메이트들

예제 1

룩-킹으로 킹을 끝내는 경우입니다. **원칙은 상대 킹을 체스보드 어느 한쪽의 끝줄로 몰아가는 것입니다.**

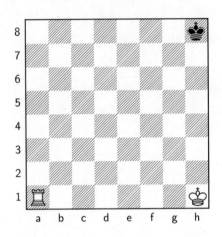

이 포지션에서 룩의 위력은 첫 번째 동작 Ra7으로 입증됩니다. 이 행마는 흑 킹을 마지막 랭크에 묶어 주고, 메이트는 1 Ra7 Kg8 2 Kg2에 의해 빠르게 이뤄집니다.

킹과 룩의 콤비네이션은 메이트를 강제할 수 있는 위치에 도달시키기 위해 필요합니다. 초심자가 따라야 할 일반적인 원칙은 **자신의 킹을 상대 킹과 최대한 같은 랭크로 유지하거나, 이 경우처럼 같은 파일로 유지하는 것입니다.**

여기서 백은 킹을 6랭크 앞으로 보내야 합니다. 상대와 같은 파일을 유지하면서 한 칸씩 더 중앙을 향하게 하는 방법이 좋습니다.

2	...	Kf8
3	Kf3	Ke8
4	Ke4	Kd8
5	Kd5	Kc8
6	Kd6	

백이 6 Kc6를 두지 않는 이유는 흑 킹이 d8로 돌아가면 메이트를 하는 데 시간이 더 걸리기 때문입니다. 그러나 만약 지금 상태에서 흑 킹이 d8로 돌아가면, 백은 **Ra8**를 둬서 단번에 메이트가 가능합니다.

6	...	Kb8
7	Rc7	Ka8
8	Kc6	Kb8
9	Kb6	Ka8
10	Rc8#	

원래 위치에서 메이트까지 정확히 열 번 움직였습니다. 다섯 번째 수에서 흑은 Ke8를 둘 수도 있었으나 원칙적으로 보면 백은 6 Kd6 Kf8(흑 킹은 결국 백 킹의 앞으로 이동을 강요당하며 Ra8로 메이트될 것입니다) 7 Ke6 Kg8 8 Kf6 Kh8 9 Kg6 Kg8 10 Ra8#로 이어졌을 것입니다.

예제 2

흑 킹이 체스보드 중앙에 있기 때문에 백 킹은 1 Ke2 Kd5 2 Ke3로 진행하는 것이 가장 좋은 방법입니다. 백으로선 룩이 아직 게임에 참여하지 않는 한, 킹을 상대 킹의 정면이 아닌 사이드로, 그리고 보드 중앙으로 곧장 진출시키는 것이 좋습니다. 이제 흑 킹이 ...e5로 이동하면 룩을 Rh5+로 구동하여 쫓아 보냅니다. 반면, 2...Kc4를 뒀다면 3 Rh5를 둡니다. 다음에 만약 흑이 3...Kb4를 둔다면 백은 그를 따라 4 Kd3를 두며, 그 대신에 3...Kc3를 뒀다면 4 Rh4를 둬서 흑 킹을 가능한 한 적은 칸들에 제한시킵니다.

이제 엔딩으로 이을 수 있습니다. 4...Kc2 5 Rc4+ Kb3 6 Kd3 Kb2 7 Rb4+ Ka3 8 Kc3 Ka2. 백 킹이 룩을 방어하기 위해서 뿐만 아니라 상대 킹의 기동성을 떨어뜨리기 위해서 얼마나 자주 룩 옆으로 이동하는지 주목하십시오. 이제 백은 세 번의 수로 메이트를 합니다. 9 Ra4+ Kb1. 열 번째 백 차례 수에선 백 룩이 a파일의 어디로 가도[*] 흑 킹을 백 킹 앞으로 강요하게 되며 10...Kc1 11 Ra1#로 끝납니다. 이번에는 메이트를 하기까지 11수가 필요했는데, 어떤 컨디션에서도 20수 이내에 이루어져야 합니다. 이는 단조롭기는 하지만 초보자라면 자신의 기물들을 제대로 다루는 법을 배울 수 있기 때문에 연습해 볼 가치가 있습니다.

예제 3

두 개의 비숍-킹으로 킹을 상대하는 사례입니다.

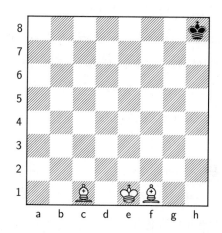

흑 킹이 코너에 있는 이상 백은 1 Bd3 Kg8 2 Bg5 Kf7 3 Bf5로 진행할 수 있습니다. 흑 킹의 움직임은 이미 적은 칸들로 제한되었습니다. 흑 킹이 원래 보드 중앙에 있었다면, 아니면 맨끝 줄에서 떨어져 있었다면, 백은 자신의 킹을 진격시켜야 합니다. 그리고 비숍들의 도움을 받아 흑 킹의 움직임을 가능한 한

<small>* 룩이 잡힐 수 있는 a1, a2 제외.</small>

적은 칸들로 제한시켜야 합니다.

이제 3...Kg7 4 Kf2로 계속해 봅시다. 이 게임의 엔딩에서 흑킹은 보드 가장자리에 몰릴 뿐만 아니라 코너로도 몰려야 합니다. 그리고 메이트하기 전까지 백은 킹을 6랭크 위로 더 올려 보내야 하며 동시에 h6, g6, f7, f8에 해당되는 끝의 두 파일 중 하나에 위치시켜야 합니다. h6와 g6가 가장 가까운 칸들이므로 이 칸들이 백 킹이 가야 할 곳입니다. 4...Kf7 5 Kg3 Kg7 6 Kh4 Kf7 7 Kh5 Kg7 8 Bg6 Kg8 9 Kh6 Kf8. 백은 때에 맞춰 비숍 중 하나를 움직여야만 흑 킹을 돌려보낼 수 있습니다. 10 Bh5 Kg8 11 Be7 Kh8. 이제 백 비숍은 흑 킹이 g8로 돌아가면 백 대각선diagonal을 따라 다음 이동을 체크할 수 있는 위치를 차지해야 합니다. 12 Bg4 Kg8 13 Be6+ Kh8 14 Bf6#.

이번 메이트를 강요하기 위해서는 14수가 필요했는데, 어떤 위치에서든 30수 이내에 이루어져야 합니다.

그리고 이런 종류의 모든 엔딩은 스테일메이트로 흘러가지 않도록 주의를 기울여야 합니다.

또한 이 특수한 엔딩에서는 킹이 보드의 끝으로 몰리게 해야 할 뿐만 아니라 코너로 몰려야 한다는 점을 기억해야 합니다. 하지만 이러한 모든 엔딩들에서 킹이 마지막 랭크 또는 바깥 파일 (예: h5 또는 a5, e8 또는 d1)로 강요되는지 여부는 중요하지 않습니다.

예제 4

이제 킹에 맞선 퀸-킹에 대해 알아볼 차례입니다. 퀸은 룩과 비숍의 능력을 합친 기물인 만큼 가장 쉽게 메이트를 할 수 있으며 항상 10수 이하로 움직여야 합니다. 다음을 봅시다.

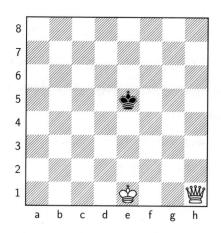

흑 킹의 기동성을 최대한 제한하기 위해 퀸으로 첫 수를 시작하는 것이 좋습니다. 즉, 1 Qc6 Kd4 2 Kd2입니다. 흑 킹은 이제 갈 수 있는 칸이 하나밖에 없습니다. 2...Ke5 3 Ke3 Kf5 4 Qd6 Kg5(흑이 Kg4를 두면 Qg6+를 둡니다). 5 Qe6 Kh4 (만약 5...Kh5 6 Kf4면 다음 수에 체크메이트) 6 Qg6 Kh3 7 Kf3 **흑 킹 이동 8 백 퀸으로 체크메이트.**

이 엔딩에서는 앞서 룩의 경우처럼 흑 킹이 보드의 가장자리에 있게끔 강요되어야 합니다. 퀸이 룩보다 훨씬 더 강력한 기물이라는 사실만 다르며, 과정은 훨씬 쉽고 짧습니다.

지금까지가 세 가지 기본적인 엔딩이며 이를 수행하는 모든 원칙들은 동일합니다. 각각의 경우들에는 킹의 지원이 필요합니다. 킹의 도움 없이 메이트를 강요하기 위해서는 적어도 두 개의 룩이 필요합니다.

2. 승진하는 폰

폰은 게임에서 조종할 수 있는 가장 작은 물리적 능력을 갖고 있습니다. 그런데 킹들을 제외하고 폰이 유일하게 남은 기물일지라도 이기기에는 충분한 경우가 많습니다. 이에 관한 일반론적인 요점을 말하자면, **킹은 적어도 한 칸 사이를 두고 자신의 폰 앞에 있어야 합니다.**

상대 킹이 폰 바로 앞에 있으면 게임을 이길 수 없습니다. 이는 다음 예제를 통해 잘 설명할 수 있습니다.

예제 5

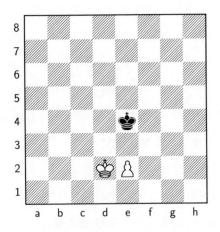

포지션이 펼쳐지면, 흑은 항상 폰 바로 앞에 킹을 두려고 해야 합니다. 그게 불가능하다면, 예를 들어 이 포지션에서는 백 킹 때문에 그런데, 흑 킹은 백 킹의 앞자리를 유지해야 합니다.

| 1 | e3 | Ke5 |
| 2 | Kd3 | Kd5 |

흑에게 **2...Kd5**는 매우 중요한 수입니다. 나중에 확인할 수 있겠지만 다른 이동은 그에게 손실이 됩니다. 흑 킹을 백 폰 가까이에 둘 수 없으면 최대한 멀리 떨어져야 하며, 동시에 백 킹 앞으로 나아가야 합니다.

3	e4+	Ke5
4	Ke3	Ke6
5	Kf4	Kf6

다시 같은 경우입니다. 흑 킹은 폰에게 다가갈 수 없는 한, 백 킹이 오면 반드시 그 앞에 있어야 합니다.

6	e5+	Ke6
7	Ke4	Ke7
8	Kd5	Kd7
9	e6+	Ke7
10	Ke5	Ke8
11	Kd6	Kd8

이제 만약 백이 폰을 전진시키면 흑 킹이 폰 앞에 오게 됩니다. 그러면 백은 폰을 포기하거나 **Ke6**를 둬야 해서 스테일메이

트가 됩니다. 만약 백이 폰을 전진시키는 대신 자신의 킹을 철수시키면, 흑은 킹을 폰에게 붙여서 다시 올라올 준비를 하는 킹 앞으로 이동합니다. 또는 전과 같이 백 킹이 진격하면 백 킹의 앞으로 이동합니다.

이 모든 절차를 이루는 방법은 매우 중요하며, 연구생은 세부 사항에 대해 철저히 숙지해야 합니다. 왜냐하면 여기에는 이후로도 계속될 원칙들이 포함되어 있으며 많은 초보자들은 적절한 지식이 부족한 탓에 동일한 포지션들에서 자꾸 패배하기 때문입니다. 이 책의 현 단계에서는 그 중요성을 아무리 강조해도 지나치지 않습니다.

예제 6

백이 승리하는 이 포지션에서 백 킹은 자신의 폰 앞에 있고 킹과 킹 사이에는 한 칸이 있습니다.

백의 해법은 폰의 안전과 양립할 수 있는 범위 내에서 킹을 전

진시키는 것과, 폰은 필수적인 안전을 확보할 때까지 절대 전진시키지 않는 것입니다.

따라서

| 1 | Ke4 | Ke6 |

흑이 백 킹의 전진을 허용하지 않기 때문에, 백은 흑을 강제로 이동시키기 위해 자신의 폰을 전개시켜야 합니다. 그렇게 해야 백 킹은 진격할 수 있습니다.

| 2 | e3 | Kf6 |
| 3 | Kd5 | Ke7 |

만약 흑이 3...Kf5를 뒀다면 백은 폰을 e4로 전진시킬 수밖에 없습니다. 흑이 ...Ke4를 둬서 폰을 잡을 수도 있는 기회를 남기지 않으려면, 킹을 전진시킬 수 없기 때문입니다. 흑이 아직 그렇게 하지 않았으니, 백은 폰을 전개시키지 않는 게 좋습니다. 폰의 안전을 위한 킹이 필요하지 않으니, 킹을 더 앞으로 나아가게 하는 편이 나을 것입니다. 따라서

| 4 | Ke5 | Kd7 |
| 5 | Kf6 | Ke8 |

이제 백 폰은 매우 멀리 떨어져 있으며 킹의 보호 하에 전개할

수 있습니다.

| 6 | e4 | Kd7 |

여기서 백이 **Kf7**을 두는 것은 좋지 않습니다. 그렇게 하면 흑이 ...Kd6를 둘 테고 백은 폰을 보호하기 위해 킹을 다시 데려와야 하기 때문입니다. 따라서 그는 폰을 계속 전개해야 합니다.

| 7 | e5 | Ke8 |

만약 흑이 다른 곳으로 이동했다면, 백은 **Kf7**을 둘 수 있었고, 폰은 **e6, e7, e8**로 진격할 수 있었을 것입니다. 이때 이 칸들은 모두 킹의 보호를 받고 있습니다. 흑이 그걸 막으려고 하는 노력만큼, 이제 백은 흑을 멀리 떠나게 만들어야 합니다. 동시에 항상 폰 앞에 킹을 세워야 합니다. 따라서

| 8 | Ke6 |

8 e6를 두면 무승부가 됩니다. 그러면 흑이 ...Kf8를 둘 것이고, 예제 5에서 설명한 것과 유사한 포지션을 갖게 되기 때문입니다.

| 8 | ... | Kf8 |

9	Kd7

이렇게 백 킹이 이동하면 폰은 e8로 전진하여 퀸이 되고, 모든 것이 끝납니다.

이 엔딩은 앞선 엔딩과 동일하며, 같은 이유에서 더 배우기 전에 충분히 이해되어야 합니다.

3. 폰으로 맺는 엔딩들

이제 두 개의 폰이 한 개의 폰과, 세 개의 폰이 두 개의 폰과 맞서 어떻게 이길 수 있는지에 대한 몇 가지 간단한 엔딩들을 제시하겠습니다. 스스로 해결하는 것은 연구생의 몫이기 때문에 설명은 적게 할 것입니다. 더군다나, 누구도 책을 공부하는 것만으로는 잘하는 법을 익힐 수 없습니다. 책은 오직 길잡이 역할을 할 수 있을 뿐이고, 연구생에게 스승이 있다면 그 나머지는 스승이 마무리해 줘야 합니다. 만약 스승이 없다면, 연구생은 책에 설명된 많은 것들이 실제로 적용된다는 사실을 길고도 씁쓸한 경험을 통해 깨달아야 합니다.

예제 7

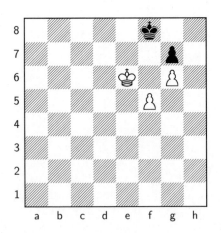

이 포지션에서 백은 1 f6로는 이길 수 없습니다. 왜냐하면 흑은 자신이 질 수도 있는 1...gxf6를 두는 게 아니라 1...Kg8를

둘 것이고, 2 fxg7 Kxg7이 되면서 앞선 예제들에서 그랬던 것처럼 무승부가 나올 것입니다. 만약 2 f7+ Kf8면 백은 희생 없이는 자신의 폰을 퀸으로 만들지 못할 것입니다. 2 Ke7 gxf6 3 Kxf6 Kf8로 해도 무승부입니다. 그러나 백은 다음과 같은 운영으로 다이어그램에 주어진 승리 포지션을 획득할 수 있습니다.

1	Kd7	Kg8
2	Ke7	Kh8
3	f6	gxf6

흑이 3...Kg8를 두면 4 f7+ Kh8 5 f8Q#로 끝납니다.

4	Kf7	f5
5	g7+	Kh7
6	g8Q+	Kh6
7	Qg6#	

예제 8

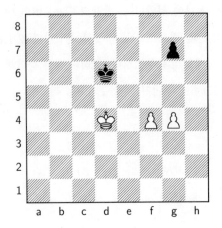

위 포지션에서 백은 1 f5로는 이길 수 없습니다. 흑이 할 수 있는 최고의 응수인 1...g6로 무승부가 날 것이기 때문입니다 (연구생은 왜 그런지 이 문제를 해결해 보도록 하십시오). 1 g5 로도 이길 수 없는데, 1...g6로 무승부가 되기 때문입니다(이것은 이미 제시된 모든 폰 엔딩들과 마찬가지로 이 엔딩을 지배하는 **대립**opposition의 원칙 때문이며 나중에 더 자세히 설명될 것입니다).

그러나 백은 이길 수 있습니다.

1	Ke4	Ke6

만약 1...g6를 두게 되면 2 Kd4 Ke6 3 Kc5 Kf6 4 Kd6 Kf7 5 g5 Kg7 6 Ke7 Kg8 7 Kf6 Kh7 8 Kf7으로 진행되고 백이 폰으로 승리합니다.

2	f5+	Kf6
3	Kf4	g6

만약 흑 폰이 거리를 멀리 뒀으면 예제 7에서 보여 준 엔딩에 도달합니다.

4	g5+	Kf7
5	f6	Ke6
6	Ke4	Kf7
7	Ke5	Kf8

백은 f파일 폰을 퀸으로 만들 수는 없지만(그 이유를 알아내 보십시오), 이 폰을 포기하면 다른 폰으로 게임에서 이길 수 있습니다.

8	f7	Kxf7
9	Kd6	Kf8
10	Ke6	Kg7
11	Ke7	Kg8
12	Kf6	Kh7
13	Kf7	Kh8
14	Kxg6	Kg8

흑의 포지션에서는 아직 약간의 저항이 남아 있습니다. 사실

실험으로 쉽게 알 수 있듯이, 백이 이길 수 있는 유일한 길이 여기서 주어집니다.

15	Kh6

만약 **15 Kf6 Kh7**을 두면, 백이 이기려면 **16 g6+ Kh8 무승부**에 맞서기 위한 지금의 포지션으로 돌아와야만 합니다.

15	...	Kh8
16	g6	Kg8
17	g7	Kf7
18	Kh7	

그리고 백 폰은 퀸이 되며 승리합니다.

매우 단순하여 명백한 이 엔딩은 비록 남은 기물이 거의 없을 때조차도, 자신의 자원을 마음대로 사용할 줄 아는 적과 상대할 때 극복해야 할 엄청난 어려움을 보여 줍니다. 또한 연구생들에게 진정한 체스 숙련의 기초를 이루는 이러한 기본에 대해 엄격하게 주의를 기울여야 할 필요성을 상기시킬 것입니다.

예제 9

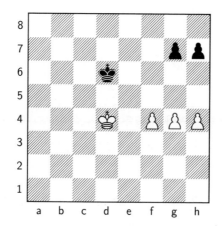

　이 엔딩에서 백은 세 개의 폰들 중 어떤 것을 진격시켜도 이길 수 있지만, 반대할 만한 이유가 딱히 없을 때는 일반적인 원칙을 따르는 것이 편리합니다. 바로 **대립하는 폰이 없는 폰을 진격시켜야 한다**는 원칙입니다.

　그러므로 다음과 같이 시작해 봅시다.

1	f5	Ke7

　만약 1...g6 2 f6를 두면 앞서 나온 예제들 중 하나와 비슷한 엔딩을 갖게 됩니다. 1...h6 2 g5로 둬도 마찬가지입니다.

2	Ke5	Kf7
3	g5	Ke7

3...g6 4 f6 또는 **3...h6 4g6+**를 두면, 두 경우 모두 이미 보여 준 예제와 유사한 엔딩을 갖게 됩니다.

4   h5

그리고 백은 뒤이어 **g6**로 진행하여 앞서 보여 준 엔딩과 같은 결과를 얻을 수 있습니다. 흑이 **4...g6**를 두면, **5 hxg6 hxg6 6 f6+**로 같은 결과가 나옵니다.

이제 모든 폰이 보드의 한쪽에 몰려 있는 경우를 보았으니 보드 양쪽에 폰들이 있는 경우를 살펴보겠습니다.

예제 10

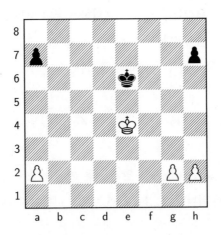

이 경우에 일반적인 원칙은 **우세한 방향에서 즉시 행동해야 한다**는 것입니다. 따라서 다음과 같이 행마합니다.

1	g4

일반적으로 대립이 없는 폰을 전진시키는 것이 좋습니다.

1	...	a5

흑은 반대편에서 전개하고, 이제 백은 그 전개를 막아야 할지 말아야 할지 고민할 수밖에 없게 됩니다. 이 경우 어느 쪽이든 승리하지만, 일반적으로 보면 상대 킹이 멀리 떨어져 있을 때는 진격을 중지시켜야 합니다.

2	a4	Kf6
3	h4	Ke6

만약 흑이 3...Kg6를 둔다면, 간단히 수를 계산해 봐도 백이 킹을 반대편으로 보내서 a5 칸을 따내어 흑이 똑같은 행동을 하기 훨씬 전에 폰을 퀸으로 승진시킬 수 있음을 알 수 있습니다.

4	g5	Kf7
5	Kf5	Kg7
6	h5	Kf7

만약 6...h6 7 g6를 두면 두 폰이 서로를 막게 됩니다. 그러면 백은 킹을 반대편으로 보내서 다른 폰을 잡을 수 있습니다.

7   Ke5

이제 백 킹이 반대편으로 가서 흑 폰을 잡고 자신의 폰을 퀸으로 승진시킬 차례입니다. 이것은 이러한 모든 엔딩들의 전형이며, 연구생은 이 사례와 유사한 경우들을 해결하고자 노력해야 합니다.

4. 미들게임에서의 승리 포지션

연구생이 앞서 설명한 내용을 모두 소화할 때쯤이면, 분명 모든 기물로 실제 게임을 두고 싶어 안달이 날 것입니다. 하지만 오프닝을 다루기 전에, 경기에서 자주 발생하는 몇 가지 콤비네이션에 약간의 시간을 할애하겠습니다. 독자들은 체스의 아름다움을 좀 더 알게 될 것이며 더 익숙해질 것입니다.

예제 11

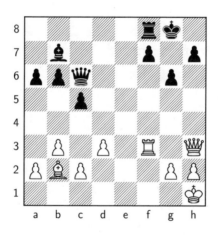

흑이 둘 차례이며, 그는 백이 단순하게 Qh6를 둬서 g7에서 메이트를 걸리라고 예상했기에 1...Re8를 둬서 다음 수에 ...Re1으로 백을 메이트하고자 합니다. 그러나 백은 곧 자신의 실질적이고도 가장 효과적인 위협을 드러냅니다. 즉,

1   ...   Re8

2	Qxh7+	Kxh7
3	Rh3+	Kg8
4	Rh8#	

이와 같은 유형의 콤비네이션은 다소 복잡한 포지션으로도 나타날 수 있습니다.

예제 12

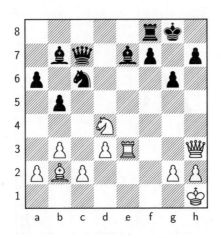

백은 기물 하나가 뒤처져 있고, 빨리 복구하지 못하면 패배할 것입니다. 따라서 그는 다음과 같은 수를 둡니다.

1	Nxc6	Bg5

흑으로선 백이 Qxh7+를 걸고 Rh3+로 이으면 메이트가 되기 때문에 백 나이트를 잡을 수가 없었습니다.

2	Ne7+	Qxe7

만약 2...Bxe7을 두면 3 Qxh7+ Kxh7 4 Rh3+ 흑 킹 이동 5 Rh8#로 끝납니다.

3	Rxe7	Bxe7
4	Qd7	

백은 두 비숍들 중 하나를 잡았고 퀸-비숍이 룩-비숍을 상대하는 형국이 될 것이기에 쉽게 이길 수 있게 됩니다. 이처럼 예제 11과 예제 12는 캐슬링을 한 후에 한 칸 전진한 g파일 폰의 위험성을 보여 줍니다.

예제 13

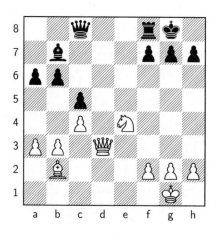

이것은 또 다른 매우 흥미로운 콤비네이션 유형입니다. 흑은

백 나이트에 대응하는 룩을 가지고 있기 때문에 백이 즉각적으로 이득을 얻을 수 없다면 승리할 수 있습니다. 그런데 결론적으로, 백은 단 몇 번의 동작으로 메이트가 가능합니다.

| 1 | Nf6+ | gxf6 |

흑에게 이 수는 강제이며, 이렇게 하지 않으면 Qxh7으로 체크메이트입니다.

| 2 | Qg3+ | Kh8 |
| 3 | Bxf6# | |

예제 14

동일한 유형의 콤비네이션이 더 복잡한 형태로 나타납니다.

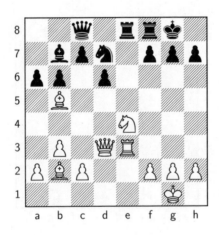

| 1 | Bxd7 | Qxd7 |

만약 **1...Bxe4**를 두면 **2 Qc3**로 메이트 위협이 되며, 백은 선제 공격을 가하는 퀸에 의해 승리합니다.

2	Nf6+	gxf6
3	Rg3+	Kh8
4	Bxf6#	

예제 15

다음 포지션에서는 아주 빈번한 콤비네이션 유형을 볼 수 있습니다.

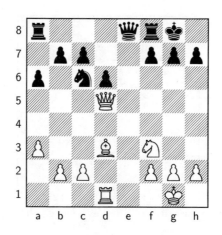

여기서 백은 교환과 폰에서 뒤처지지만, 그는 빠르게 이길 수 있습니다.

1	Bxh7+	Kxh7

(1...Kh8를 두면 2 Qh5 g6 3 Qh6, 그리고 백의 승리)

2	Qh5+	Kg8
3	Ng5	

이제 흑은 ...Qe4를 통해 퀸을 희생시키는 방법을 제외하면
h7에서의 메이트를 멈출 수 없습니다. 그럼으로써 백은 흑 룩에
대응하는 퀸을 갖게 될 것입니다.

예제 16

같은 유형의 콤비네이션은 다음 포지션에서 더 복잡한 형태로
나타납니다.

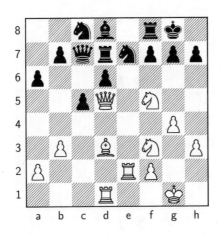

백은 다음과 같이 진행합니다.

1   Nxe7+

(비숍의 전개를 위해 대각선을 정리하려는 목적임)

...Bxe7

(백의 비숍 희생 후 나이트의 g5 이동을 막기 위함)

2	Rxe7	Nxe7(최선)
3	Bxh7+	Kxh7

(만약 3...Kh8면 4 Qh5 g6 5 Bxg6+ Kg7 6 Qh7+ Kf6 7 g5+ Ke6 8 Bxf7+ Rxf7 9 Qe4#)

4	Qh5+	Kg8
5	Ng5	Rc8
6	Qh7+	Kf8
7	Qh8+	Ng8
8	Nh7+	Ke7
9	Re1+	Kd8
10	Qxg8#	

이 콤비네이션은 다소 길고 변형이 많아서 초보자는 쉽게 헤아릴 수 없을 것입니다. 그러나 콤비네이션의 종류를 알고 있다면, 결코 예상치 못할 훌륭한 공격을 감행할 수 있을 것입니다. 여기서 보여지는 모든 콤비네이션은 취약한·부분에 대응하기 위해 운용된 기물들 사이의 적절한 조화를 기반으로 이루어졌습니다.

5. 기물의 상대적 가치

오프닝의 일반 원칙을 진행하기 전에 연구생들에게 기물의 적절한 상대적 가치에 대한 아이디어를 전하는 것이 좋겠습니다. 이들 모두를 설명할 수 있는 완전하고 정확한 대조표는 없으며, 다만 기물들을 따로 비교하는 수밖에 없습니다.

모든 일반적인 이론에서 비숍과 나이트는 동일한 가치로 간주되고 있지만, 대부분의 경우 비숍이 더 가치 있음을 입증 가능하다는 것이 제 의견입니다. 그리고 두 비숍이 두 나이트보다 거의 항상 더 낫다는 사실은 잘 알려져 있습니다.

비숍은 나이트보다 폰에게 더 강하고, 룩에게 대응할 때 폰과 콤비네이션을 이루면 나이트와 폰이 함께하는 것보다 더 강할 것입니다.

비숍-룩의 콤비네이션 또한 나이트-룩의 콤비네이션보다 강하지만, 퀸-나이트의 콤비네이션은 퀸-비숍의 콤비네이션보다 강할 수 있습니다.

비숍은 종종 세 개의 폰보다 더 가치 있지만 나이트 하나는 그럴 일이 드물고 어쩌면 그럴 가치조차 없을지도 모릅니다.

룩은 나이트 하나와 폰 두 개, 또는 비숍과 폰 두 개의 가치가 있지만, 앞서 말한 것처럼 비숍은 룩에 대응하는 더 나은 기물이 될 수 있습니다.

두 개의 룩은 퀸보다 조금 더 강합니다. 그들은 두 개의 나이트와 한 개의 비숍과 비교하면 약간 약하고 두 개의 비숍과 한 개의 나이트와 비교하면 그보다 조금 더 약합니다. 기물이 교체

되면 나이트의 힘은 감소합니다. 반대로 룩의 힘은 강해집니다.

　미들게임 내내 순전히 **방어적인** 기물인 킹은 일단 모든 기물
이 판에서 떨어지면 **공격적인** 기물이 되고 때로는 한두 개의 마
이너 기물들이* 남아 있어도 **공격적인** 기물이 됩니다. 엔드게임
단계에 도달하면 킹의 운영은 가장 중요한 요소가 됩니다.

----

* 체스의 주요 4개 기물인 퀸, 룩, 비숍, 나이트 중 킹과 협동하여 상대를 체크메
이트할 수 있는 퀸과 룩을 메이저major 기물, 그렇게 하지 못하는 비숍과 나이
트를 마이너minor 기물이라고 한다.

6. 오프닝의 일반 전략

중요한 것은 **기물들을 빨리 전개하는 것**입니다. 할 수 있는 한 최대한 빨리 게임을 시작하십시오.

우선 최초의 두 가지 행마, 1 e4 혹은 1 d4로 퀸과 비숍을 위해 길을 엽니다. 이론적으로 이 두 가지 수 중 하나가 가장 좋은 수일 것입니다. 다른 어떤 첫 행마도 이 두 수 정도로 많은 것을 이루지 못하기 때문입니다.

예제 17

다음과 같이 시작한다고 가정합시다.

1	e4	e5
2	Nf3	

백 입장에서 **2 Nf3**는 공격이자 전개로서의 수입니다. 흑은 이제 동일한 수나 운용으로 응답할 수 있습니다.

2	...	Nc6

이것은 전개하는 수인 동시에 앞서 나간 e파일 폰을 방어합니다.

3	Nc3	Nf6

3...Nf6는 순수하게 전개하는 성질의 수입니다.

4   Bb5

일반적으로 나이트 하나 이상이, 가급적이면 킹스 나이트 King's Knight*가 나가기 전까지는 비숍이 나오지 않는 게 바람직합니다. 비숍을 c4에 둘 수도 있지만, 가능하면 전개와 공격을 병행하는 것이 좋습니다.

4 ...   Bb4

흑이 백과 같은 방식으로 응수합니다. 이는 ...Nxe4를 통한 비숍과 나이트의 교환 가능성을 위협합니다.

5 0-0

이 캐슬링은 **5...Bxc3**를 예방하는 간접적인 방법이며, 더 많은 경험이나 연구가 그 행마가 악수惡手가 되리라는 걸 알려 줄 것입니다. 그와 동시에 **룩이 중앙에서 활동할 수 있게 되는데, 이는 매우 중요한 지점입니다.**

5 ...   0-0

---

* 킹사이드 나이트, 즉 기물의 첫 배치 시 g파일 칸에 배치되는 나이트를 말한다. 이하 킹스King's (기물명), 퀸스Queen's (기물명)은 각각 첫 배치 시 킹사이드, 퀸사이드에 속하는 기물을 이른다.

흑도 백과 같은 논리를 따릅니다.

6   d3   d6

이 수들은 두 가지 목적을 가지고 있습니다. e파일의 폰을 보호하고 퀸스 비숍Queen's Bishop을 전개하기 위해 대각선을 여는 것입니다.

7   Bg5

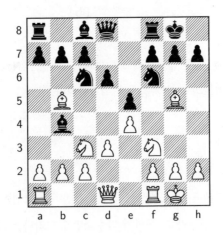

백이 **Nd5**로 빠른 승리를 거둘 수 있는 콤비네이션이 이미 보이기 때문에, 이는 미들게임 단계로 이끄는 매우 강력한 행마입니다. 이 위협으로 인해 흑은 같은 경로로 진행할 수 없습니다 (흑이 ...**Bg4**로 둘 경우 패배하게 된다는 오래된 분석이 있습니다). 경험에 의해 그는 이제 **7...Bxc3**를 하도록 강요되었습니다. 이 상황은 세 가지 사실을 알려줍니다.

첫째, 오프닝의 완전한 전개까지 7수가 필요했을 뿐입니다(매우 예외적인 경우에 따라 최대 10수 또는 12수까지 달라질 수 있습니다. 원칙적으로는 8수면 충분합니다). 둘째, 흑은 비숍을 나이트와 교환할 수밖에 없지만, 그에 대한 보상으로 백의 a파일 폰을 고립시키고 더블 폰Doubled Pawn*을 만듭니다(이것은 게임의 초기 단계에서는 보드 중앙을 향하는 폰이 두 배로 늘어나기 때문에 오히려 백에게 유리합니다) 셋째, 경험이 쌓이면 알게 되겠지만 백은 교환을 통해 d4 칸을 통제하기 위해 폰을 출동시켜서 흑을 수세에 몰게 하고, 따라서 의심할 여지없는 장점인 **주도권**을 유지하게 됩니다.**

위에서 설명한 전략적 원칙은 모든 오프닝에 대해 동일하며, 상황에 따라 전술적 적용만 다를 뿐입니다.

더 나아가기 전에 연구생이 염두에 두어야 할 다음 사항에 대해 강조하고 싶습니다.

전개가 완료되기 전에는 중요한 이득을 얻거나 행동의 자유를 확보하기 위해 필수적인 경우가 아니라면, 어떤 기물도 두 번 이상 이동해서는 안 됩니다.

초보자라면 이 내용뿐만 아니라 다음 내용 또한 기억하면 좋을 것입니다. **비숍들을 보내기 전에 나이트들을 보내십시오.**

---

* 하나의 파일에 폰 두 개가 늘어서는 상황으로, 일반적으로는 나쁜 포지션으로 평가된다.

** 주도권에 대한 설명은 20. **주도권** 참조. (원)

7. 중앙의 통제

e4, d4, e5 그리고 d5를 중앙이라고 하며, 이 칸들을 제어하는 것을 중앙의 통제라고 합니다. **중앙의 통제는 매우 중요합니다.** 어떤 맹렬한 공격도 중앙의 최소한 두 칸, 그리고 가능하다면 세 칸을 통제하지 않고는 성공할 수 없습니다. 오프닝에서의 많은 전술은 주도권을 확고히 보장해 주는 중앙을 통제하고자 하는 데 유일한 목적을 갖고 있습니다. 그러한 목적성이 없으면 도저히 이해할 수 없는 일련의 움직임을 만드는 원인이 될 것이기 때문에 항상 명심하는 것이 좋습니다. 이 책이 진행될수록 저는 그 차이점들에 대해 더 깊이 고려할 것입니다. 지금부터 무작위로 진행된 오프닝에 시간을 할애하여 일반적인 원칙에 따른 움직임을 설명하겠습니다. 그렇게 함으로써 연구생은 정신을 올바른 방향으로 단련할 수 있고, 새롭고 복잡한 상황에 직면했을 때 빠져나갈 길을 찾기가 덜 어려울 것입니다.

예제 18

1	e4	e5
2	Nf3	d6

소심한 행마. 혹은 지체 없이 방어적 태도를 취합니다. 원칙적으로 보면 잘못된 행마입니다. 오프닝에서는 가능하다면, **폰에 우선하여 다른 기물들을 먼저 이동시켜야 합니다.**

3	d4	

백은 즉시 공세를 취하며 병력을 배치할 수 있는 충분한 공간을 확보하여 중앙을 통제하기 위해 노력합니다.

3	...	Nd7

흑도 중앙을 포기하려 하지 않기에, 나이트에게 더 자연스러운 칸이 될 ...Nc6로의 이동을 선호하기 마련입니다. 그러므로 원칙적으로 봤을 때 이 수는 잘못된 것입니다. 자신의 퀸스 비숍의 행동을 방해하고, 기물들의 행동을 촉진시키는 게 아니라 반대로 스스로를 저해하는 경향이 있기 때문입니다.

4	Bc4	h6

흑은 이전 행마의 실수에 대한 대가를 치를 수밖에 없습니다. 흑의 이런 움직임은 어떤 오프닝이라도 안 좋은 상태로 만듭니다. 백은 Ng5를 두겠다고 위협하고 있는데 흑은 그걸 4...Be7로 막을 수 없습니다. 왜냐하면 4...Be7 5 dxe5 Nxe5(만약 5...dxe5면 6 Qd5로 응수) 6 Nxe5 dxe5 7 Qh5가 되어 백은 완벽하게 안전한 포지션에서 폰을 잡기 때문입니다.

5	Nc3	Ngf6
6	Be3	Be7

7	Qe2	

백이 아직 캐슬링을 하지 않은 이유를 알아야 합니다. 그 이유는 우선 병력 배치를 원하기 때문입니다. 백은 일곱 번째 수를 통해, 백의 dxe5를 두기 위한 Rd1 위협을 막으려는 흑이 퀸을 위한 공간을 마련하게끔 ...c6를 두도록 강요합니다. 그 외의 흑의 다른 대안들은 그로 하여금 결국 ...exd4를 두게끔 강요하여 중앙을 백에게 넘겨주게 만들 것입니다.

7	...	c6
8	Rd1	Qc7
9	0-0	

이 캐슬링으로 백은 전개를 완료하는 반면, 흑은 분명한 방해를 받게 됩니다. 간단한 확인만으로도 백의 포지션이 확고함을 알 수 있습니다. 그의 갑옷에는 약점이 없고, 기물들은 적의 진지에 대한 공격을 시작하기 위해 수행하고자 하는 어떠한 기동에도 준비되어 있습니다. 연구생은 이 예제를 주의 깊게 연구해야 합니다. 이것은 때때로 캐슬링의 지연이 유리하다는 사실을 보여 줍니다. 저는 오프닝에 관한 어떤 표준적인 책도 따르지 않고 생각나는 대로 동작을 취했습니다. 제가 제시한 동작들이 표준에 부합하는지 아닌지는 모르겠습니다. 하지만 이 책의 현 단계에서는 연구생들이 좀 더 능숙해졌을 때에야 이해할 수 있는 순수한 기술적 논의에 들어가는 것은 적합하지 않다고 봅니다.

예제 19

1	e4	e5
2	Nf3	d6
3	d4	Bg4

흑은 비숍이 나오기 전에 최소한 나이트 하나를 전개해야 한다는 원칙을 위반하는 잘못된 움직임을 보입니다. 또한 일반적으로 봤을 때 오프닝에서 좋지 않은, 어떠한 보상 없이 나이트와 비숍을 교환하게 되기 때문이기도 합니다.

4	dxe5	Bxf3

4...dxe5면 흑은 폰 하나를 잃습니다.

5	Qxf3	dxe5
6	Bc4	Qf6

만약 6...Nf6면 7 Qb3로 흑 폰이 잡힙니다.

7	Qb3	b6
8	Nc3	c6

8...c6는 백의 Nd5를 방지하기 위해서입니다.

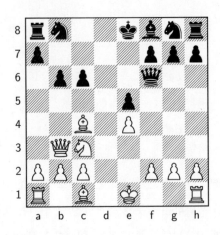

  하지만 흑은 퀸을 제외하고는 움직일 기물이 없습니다. 반면 백은 이미 비숍과 나이트가 전개된 상태여서 **Nd5**를 통해 빠르게 우위를 점할 가능성이 있습니다. 연구생은 이 포지션에서 발생하는 많은 변형들을 예상할 수 있어야 합니다.

  이 예시들은 앞에서 설명한 원칙들의 실질적인 적용을 보여줄 것입니다. 연구생은 게임을 시작할 때 기물들에서 선호되는 폰의 운용, 특히 초보자들이 매우 즐겨 하는 행마인 **h3/h6**와 **a3/a6**를 경계해야 합니다.

8. 함정

이제 초보자들이 오프닝에서 습관적으로 종종 잡히곤 하는 피해야 할 포지션이나 함정에 관해 다루겠습니다.

예제 20

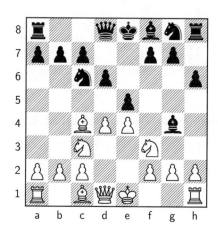

백 차례입니다.

1	dxe5	Nxe5

흑은 중앙을 폰으로 탈환해야 했습니다.

2	Nxe5	Bxd1
3	Bxf7+	Ke7
4	Nd5#	

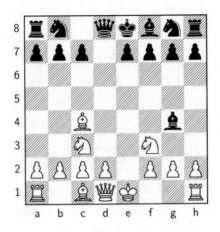

흑은 ...e6를 둬야 합니다. 그러나 ...Nf6를 둔다고 가정해 봅시다. 그렇다면 다음과 같이 됩니다.

1   Bxf7+

1 Ne5 또한 1...Bxd1 2 Bxf7#로 위협적이란 점에서 백에게 유리합니다. 1 Ne5를 ...Bh5로 응수해도 마찬가지인데, 왜냐하면 2 Qxh5가 가능하기 때문입니다. 1 Ne5 Be6는 흑을 불리한 포지션으로 만듭니다. 그러나 백의 원래 행마야말로 즉각적인 물리적 이점을 보장해 주므로, 초보자는 불분명한 우위를 노린다며 그러한 기회를 놓치는 우를 범해서는 안 됩니다.

1   ...   Kxf7
2   Ne5+   K 이동

3   Nxg4

그리고 백은 더 나은 포지션을 차지했을 뿐만 아니라 폰도 획득했습니다.

결론적으로, 다른 많은 함정들이 있습니다. 사실 체스보드는 함정들로 쓰여진 책입니다. 위에 제시된 형태들은 가장 흔한 종류입니다.

2장
엔드게임에서의 추가 원칙

우리는 이제 엔드게임으로 돌아가 몇 가지 원칙을 더 살펴보고, 다시 미들게임으로, 그리고 마지막으로 오프닝을 연구함으로써 실력의 발전을 점진적일 뿐만 아니라 균일하게 할 수 있습니다. 그럼으로써 우리가 지으려는 구조물은 견고하고 단단한 기초 위에 서게 될 것입니다.

9. 기본 원칙

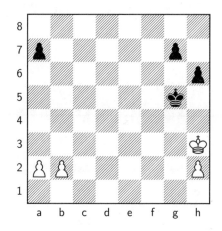

위와 같은 포지션에서 백은 이러한 경우를 지배하는 일반적인 원칙, 즉 **대립이 없는 폰을 전개시키기** 위해 1 b4를 둠으로써 비길 수 있습니다. 그러나 백이 이 원리를 모르거나 응용의 가치를 충분히 인식하지 못하기 때문에 1 a4를 뒀다고 가정합시다. 그러면 흑이 1...a5로 이길 수 있으며, 이를 수준 높은 체스 전략의 기본 원리 중 하나로 적용하면 다음과 같습니다.

두 개를 잡아 주는 한 개의 유닛

이 경우 한 개의 폰이 상대방 폰을 두 개 잡고 있게 됩니다. 연구생에게는 이 원칙을 아무리 강조해도 지나치지 않습니다. 이것은 여러 가지 방법으로 응용될 수 있으며, 대가의 손에 쥐어진 주요한 무기들 중 하나입니다.

예제 22

여기서 제시되는 예제는 충분한 증거가 될 것입니다. 주된 변형을 보여 주는 몇 가지 동작이 제공됩니다.

1	a4	a5
2	Kg2	Kf4(최선, 이유를 알아보십시오)
3	b4	axb4(최선)
4	a5	b3
5	a6	b2
6	a7	b1Q
7	a8Q	Qe4+
8	Qxe4	Kxe4

이것은 흑이 이기는 포지션을 만들고, 킹과 폰들의 고전적인 엔딩 중 하나를 구성하게 만듭니다. 이제 이를 잘 모르는 사람들에게 지도할 수 있는 아이디어를 설명하고자 합니다.

10. 고전적인 엔딩

예제 23

이 포지션에서 백이 취할 최고의 방어선은 그의 폰을 h2에서 유지시키는 것입니다. 폰을 전개하는 즉시 흑의 승리가 더 쉬워집니다. 반면, 흑의 승리 계획은 세 부분으로 나눌 수 있습니다 (백이 폰을 진전시키지 않는다고 가정할 때). 첫 번째 부분은 자신의 킹을 h3로 이동시키는 동시에, 폰들의 위치를 그대로 유지하는 것입니다(흑이 게임에서 이기려면 이 모든 것이 중요한데, 백 킹의 위치에 따라 자신의 최후방 폰을 한두 칸 전진시켜야 하는 일이 필수적이기 때문입니다).

1	Kg3	Ke3
2	Kg2	

만약 2 Kg4를 두면 ...Kf2 3 h4 g6로 흑이 이기게 됩니다.

2	...	Kf4
3	Kf2	Kg4
4	Kg2	Kh4
5	Kg1	Kh3

첫 번째 부분이 완성되었습니다.

두 번째 부분은 짧은데, 흑 킹 뒤에 있는 h파일 폰을 전진시키는 내용이 될 것입니다.

6	Kh1	h5
7	Kg1	h4

이렇게 두 번째 부분이 끝납니다.

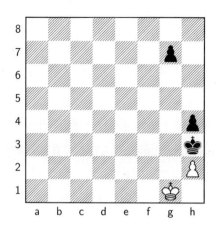

세 번째 부분은 백 킹이 h1일 때 ...g6를 둘 수 있도록 g파일 폰의 전개 타이밍을 맞추는 것으로 구성됩니다. 앞서 설명한 것처럼 백 킹의 포지션에 따라 g파일 폰을 한두 칸 움직일 수 있는 것이 얼마나 필요한지 이제 명백해졌습니다.[*] 이 경우 백의 차례일 때, 백 킹이 코너에 있으면 g파일 폰을 두 칸 전진시킬 수 있지만 흑의 차례라면 백 킹이 g1에 있을 테니 폰은 한 칸 전진해야 합니다.

8	Kh1	g5
9	Kg1	g4
10	Kh1	g3
11	hxg3	

만약 11 Kg1을 둔다면 흑은 ...g2로 응수합니다.

---

[*] 3. 폰으로 맺는 엔딩들 참조. (원)

11	...	hxg3
12	Kg1	g2
13	Kf2	Kh2 그리고 승리

  연구생이 노력해야 하는 것은 이러한 분석적인 방법입니다. 따라서 어떤 포지션에서도 논리적인 순서를 따르도록 정신을 단련시켜야 할 것입니다. 이 예제는 세 단계로 나누기 쉽고 각 부분의 요점을 설명하기 쉽기 때문에 훌륭합니다.

  다음으로 우리가 공부해야 할 주제는 간단한 대립이지만, 거기에 시간을 할애하기 전에 두 가지 사항에 대한 주의를 환기시키고자 합니다.

11. 통과한 폰 획득

예제 24와 같은 포지션에서 세 개 이상의 폰이 서로 대립하는 경우, 어느 한쪽에게는 항상 통과한 폰을 얻을 기회가 있습니다.

예제 24

위의 포지션에서 통과한 폰을 얻는 방법은 가운데 폰을 전개시키는 것입니다.

| 1 | b6 | axb6 |

만약 1...cxb6면 2 a6를 둡니다.

| 2 | c6 | bxc6 |
| 3 | a6 | |

이번 경우에서는 백 폰이 다른 흑 폰보다 퀸으로의 승진에 더 가깝기에 백이 이길 수 있습니다. 만약 흑으로 시작된다면 그 또한 마땅히 해야 할 일입니다. 흑으로는 다음과 같이 진행됩니다.

1	...	b6
2	cxb6	cxb6

이제 흑이 통과한 폰을 얻는 것은 권장되지 않을 것입니다. 백 폰이 통과한 흑 폰보다 퀸 승진에 가깝기 때문입니다.

3	axb6	axb6

원칙적으로 하면 무승부가 됩니다. 연구생은 스스로 이 문제를 해결해 보십시오.

12. 첫 번째로 승진하는 폰을 알아내는 방법

두 폰이 자유롭거나 자유로워질 수 있을 때, 카운트하여 어떤 폰이 먼저 퀸이 될지 알 수 있습니다.

예제 25

이 포지션에서는 먼저 움직이는 사람이 승리합니다.

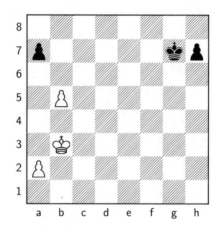

첫 번째는 상대 킹이 통과한 폰을 퀸이 되지 않게끔 막을 수 있는 시간에 맞출 수 있는지 세어 보는 것입니다. 그렇게 할 수 없는 경우, 중요한 것은 어떤 폰이 먼저 들어오는지 세는 것입니다. 이 경우 두는 수의 개수는 동일하지만, 여덟 번째 칸에 먼저 도착하여 퀸이 되는 폰은 상대 퀸을 잡을 수 있는 위치에 놓이게 됩니다. 따라서

1	a4	h5
2	a5	h4
3	b6	axb6

이제 약간의 계산이 필요합니다. 백은 폰을 잡을 수 있지만, 그렇게 하면 흑이 자신의 폰을 퀸으로 만들었을 때의 칸을 공략할 수 없게 됩니다. 따라서 그는 잡는 대신 다음과 같이 움직입니다.

4	a6	h3
5	a7	h2
6	a8Q 그리고 승리	

연구생은 이런 식의 간단한 엔딩들을 다양하게 숙지해서 수를 계산하는 습관을 들이고, 언제 승진할 수 있는지 없는지를 여유롭게 알 수 있도록 습관화하는 것이 좋습니다. 책만으로는 운영법을 완전히 익힐 수는 없다는 사실에 다시 한 번 주목해야겠습니다. 책은 오직 길잡이 역할만 할 수 있으므로 나머지는 경험으로 배워야 하며, 동시에 스승을 가질 수 있다면 훨씬 더 빨리 배울 수 있을 것입니다.

13. 대립

킹들을 이동시켜야 할 때, 그리고 한쪽 플레이어가 그의 킹을 다음 다이어그램과 비슷한 포지션으로 데려올 수 있을 때, 그래서 그의 적수가 자신의 킹을 움직여서 길을 비켜 줘야 할 때, 그 이득을 얻는 플레이어는 **대립opposition**을 갖는다고 합니다.

예제 26

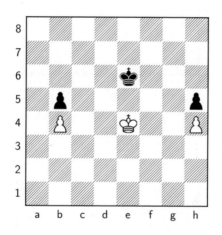

위 포지션에서 백이 먼저 움직인다고 가정해 보겠습니다.

1   Kd4

이제 흑은 1...Kd6를 둬서 백 킹의 통과를 막거나, 원한다면 1...Kf5로 응수하여 자신의 킹을 통과시킬 수 있는 선택권을 갖게 되었습니다. 킹들은 서로 정면으로 대립하고 있고 그 사이에 있는 칸들의 수는 희박합니다. 이 경우에는 한 칸입니다.

대립은 실질적 대립 또는 근접 정면 대립이라고 할 위와 같은 형태를 취할 수 있습니다. 또는 다음과 같은 형태를 취합니다.

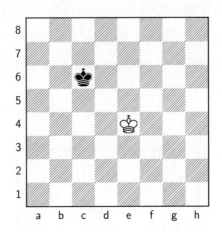

이는 실질적 대립 또는 근접 대각선 대립이라고 할 수 있습니다. 또는 다음과 같은 형태가 있습니다.

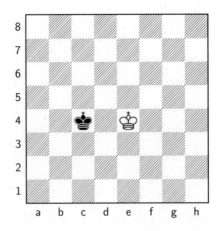

이를 실질적 또는 근접 측면 대립이라고 할 수 있습니다.

실제로 이것들은 모두 똑같은 형태입니다. 킹들은 항상 같은 색깔의 칸들 위에 있고 킹들 사이에 끼어들 수 있는 칸은 하나뿐이며 마지막으로 움직이는 플레이어가 **대립을 갖습니다.**

이제 연구생이 다이어그램의 게임에서 각각의 킹을 뒤로 이동시키는 번거로움을 감수한다면, 우리는 각각 **면** 정면, 대각선 또는 측면 대립이라고 할 수 있는 것을 보게 될 것입니다.

대립의 문제는 매우 중요하며, 때로는 다소 복잡한 형태를 취하기도 하는데, 이 모든 것은 수학적으로 풀 수 있지만, 현재의 연구생은 가장 간단한 형태만을 고려해야 합니다(이미 주어진 킹-폰 엔딩들의 예제들 중 일부를 살펴보면 몇 가지 확실한 대립 예제가 나타날 것입니다).

모든 간단한 형태의 대립에서, 킹들이 같은 선상에 있고 그들 사이에 있는 칸 수가 짝수일 때는 행마하는 플레이어가 대립을 갖게 됩니다.

예제 27

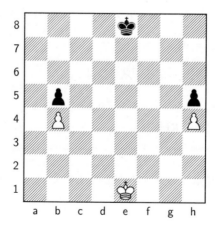

위의 포지션은 대립의 엄청난 가치를 잘 보여 줍니다. 포지션은 매우 간단합니다. 보드 위에는 남은 게 거의 없고, 초보자에게는 포지션이 완전히 동등해 보입니다.

그러나 그렇지 않습니다. **움직이는 쪽이 승리합니다.** 킹이 서로 정면을 보고 있고, 그들 사이에 있는 칸 수가 동등하다는 점을 주목하세요.

지금부터 승리하는 포지션을 차지하기 위한 절차에 대해 알아보겠습니다. 올바른 시작 방법은 바로 위로 쭉 올라가는 것입니다. 따라서 다음과 같이 전개합니다.

1	Ke2	Ke7
2	Ke3	Ke6
3	Ke4	Kf6

이제 백은 4 Kd5를 둬서 킹과 함께 통과한 폰을 만들거나, 아니면 4 Kf4를 둬서 흑 킹의 통과를 막을 수 있는 선택권을 행사할 수 있으며 대립을 견제할 수 있습니다. 카운트만 해도 두 경로 다 무승부로 이어진다는 걸 알 수 있기 때문에 백은 후자의 경로를 택해 다음과 같이 진행합니다.

4	Kf4	Kg6

만약 4...Ke6를 두면 5 Kg5로 이기게 됩니다.

5	Ke5	Kg7

이제 카운트를 해 보면 백이 흑의 b파일 폰을 잡음으로써 승리하는 것을 알 수 있습니다.

이 과정은 위에서 제시된 변형으로서는 비교적 간단하지만, 사실 흑은 극복하기가 더 어려운 또 다른 방어선을 가지고 있습니다. 다시 시작해 봅시다.

1	Ke2	Kd8

이제 만약 **2 Kd3 Kd7** 또는 **2 Ke3 Ke7**을 두면 두 경우 모두 흑이 대립을 갖게 됩니다(킹들이 서로 바로 정면에 있고 킹들 사이에 놓인 칸들의 수가 **홀수**일 경우, 마지막으로 움직인 플레이어가 대립을 갖습니다).

이제 이기기 위해서는 백 킹이 진격해야 합니다. 그가 갈 수 있는 곳은 f3 칸만이 남아 있으므로 그곳으로 가는 게 맞습니다. 이러한 경우 상대가 소위 대기 동작waiting move*을 할 때, 킹들 사이에 빈 랭크나 파일을 만들면서 전진해야 합니다. 그러므로 다음과 같이 행마합니다.

2	Kf3	Ke7

여기서 전진하는 것은 안 좋은 수인데, 왜냐하면 흑이 백 킹

---

* 상대에게 위협을 가하지 않고 이동의 의무만 주는 수.

앞으로 자신의 킹을 보내면, 대립을 얻을 수 있기 때문입니다.
백이 흑의 첫 행마와 비슷한 움직임을 보일 차례입니다.

3   Ke3

이는 처음 제시된 변형으로 포지션을 되돌리게 됩니다.

연구생은 모든 대립 예제에서 킹의 운용에 익숙해지는 것이
좋습니다. 그것은 종종 경기의 승패를 의미합니다.

예제 28

다음 포지션은 방어 수단으로서의 대립의 가치를 증명하는 훌
륭한 증거입니다.

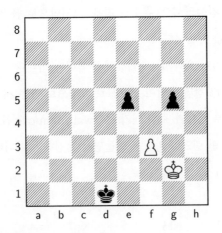

백은 폰이 열세이고 패배한 듯 보이지만, 그는 다음과 같이 둠
으로써 무승부를 이끌 수 있습니다.

1		Kh1!

폰들의 포지션이 백으로 하여금 실질적 또는 근접 대립을 통한 무승부를 허용하지 않기 때문에, 그는 먼 대립을 택합니다. 사실 만약에 **1 Kf1**(실질 또는 근접 대립) **Kd2 2 Kf2 Kd3**를 두면 백은 f3에 있는 자신의 폰 때문에 안전에 필수적인 측면 대립을 계속 유지할 수가 없습니다. 반면 백이 원래의 행마에 이어서

1	...	Kd2
2	Kh2	Kd3
3	Kh3!	Ke2
4	Kg2	Ke3
5	Kg3	Kd4
6	Kg4	

를 두면 보이는 바와 같이 흑 폰을 공격하고 g3로 돌아가는 과정에서 흑이 **6...Ke3**를 두게끔 강요하여 계속 대립을 유지할 수 있습니다.

다시 최초의 포지션에서 다음과 같이 둔다고 칩시다.

1	Kh1	g4

백은 **2 fxg4**를 두지 않습니다. 흑이 **2...e4**를 두면 승리하기 때문입니다. 다만 다음과 같이 둡니다.

2	Kg2	Kd2

만약 2...gxf3+ 3 Kxf3를 두면 4 Ke4로 무승부가 될 것입니다.

3	fxg4	e4

카운트만 해도 양쪽의 폰들이 퀸으로 승진하여 비긴다는 걸 알 수 있습니다.

연구생이 이 책에서 제시한 킹-폰의 사례들을 다시 본다면[*] 그 모든 부분에서 대립의 문제가 가장 중요함을 깨닫게 될 것입니다. 사실, 폰의 포지션 자체가 승리를 보장하는 경우를 제외하면 거의 모든 킹-폰 엔딩에서 대립은 중요한 문제입니다.

....
[*] 3. 폰으로 맺는 엔딩들 참조. (원)

14. 나이트와 비숍의 상대적 가치

이 문제에 관심을 기울이기 전에, 지금은 **두 개의 나이트만으로는 메이트를 할 수 없다**고 말하는 게 좋겠지만, 어떤 조건에서는 상대가 한 개 이상의 폰을 가지고 있다면 메이트가 가능합니다.

예제 29

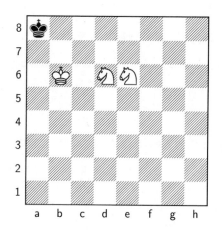

이 포지션에서 비록 흑 킹은 궁지에 몰렸지만, 백은 이길 수 없습니다. 그러나 다음 포지션에서는 흑이 폰을 가지고 있습니다.

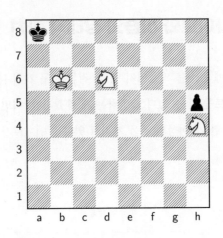

백은 이동하든 이동하지 않든 승리합니다.

| 1 | Ng6 | h4 |

이 시점에서 백은 폰을 잡을 수 없습니다. 그러면 앞서 설명한 대로 게임이 무승부가 되어 이길 수 없기 때문입니다.

2	Ne5	h3
3	Nc6	h2
4	Nb5	h1Q
5	Nc7#	

체스에서 이런 특수성이 나타나는 이유는 명백합니다.

흑이 움직일 수 있는 폰을 가지고 있는 경우를 제외하면, 두 나이트가 있는 백은 킹을 스테일메이트 할 수 있을 뿐입니다.

예제 30

다음은 백이 비숍과 폰에서 우위인 포지션이지만 그의 승리는 불가능합니다.

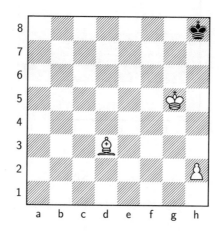

비숍의 가장 큰 약점은 h파일 폰이 그와 다른 색 칸에서 퀸이 되어야 하는데 다른 색 칸 킹이 폰 앞에 있으면 전혀 쓸모가 없 다는 점입니다. 흑이 할 일은 그의 킹을 모퉁이 칸 가까이로 계 속 이동시키는 것뿐입니다.

예제 31

다음 포지션에서는 백이 이동 여부와 관계 없이 이길 수 있습 니다. 가장 어려운 변형을 취해 보겠습니다.

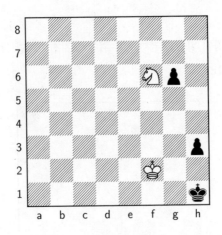

1	...	Kh2
2	Ng4+	Kh1
3	Kf1	g5
4	Kf2	h2
5	Ne3	g4
6	Nf1	g3+
7	Nxg3#	

이제 이런 예외적인 예제들을 보았으니 나이트와 비숍의 서로 다른 장점들과 상대적 가치를 분석할 수 있습니다.

아마추어는 일반적으로 둘 중 나이트가 더 가치 있는 기물이라고 생각하는데, 가장 큰 이유는 비숍과 달리 나이트가 어두운 색 칸과 밝은색 칸을 모두 활용할 수 있기 때문입니다. 그러나 나이트가 한 번에 한 가지 색상만 선택할 수 있다는 사실은 일반적으로 간과됩니다. 그리고 좌익에서 우익으로 나이트 하나를 데려오려면 비숍보다 훨씬 더 오래 걸립니다. 또한 다음 예제에서 볼 수 있듯이 비숍은 나이트를 교착시킬 수 있습니다. 이는 나이트가 되갚을 수 없는 선물입니다.

예제 32

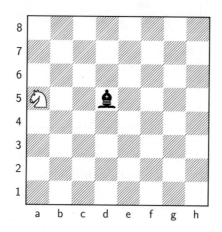

약한 플레이어일수록 나이트는 더 형편없지만, 플레이어의 능력이 향상됨에 따라 비숍의 가치는 더 분명해지며, 비숍에 비해 나이트의 가치 평가는 하락하게 됩니다. 이런 점에서 다른 많은 사람들처럼 오늘날의 체스 마스터들은 이전 세대의 체스 마스터들보다 훨씬 앞서 있습니다. 과거 필스베리Harry Nelson Pillsbury나 치고린Mikhail Tchigorin 같은 최고의 선수들은 비숍보다 나이트를 선호했지만, 오늘날 위 설명에 전적으로 동의하지 않는 마스터는 거의 없습니다.

예제 33

나이트가 비숍보다 더 가치 있는 유일한 경우입니다.

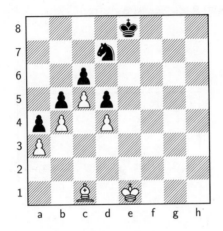

　이 상황은 **블록 포지션**block position이라는 이름으로, 모든 폰이 보드 한쪽에 있습니다(만약 보드 양쪽에 폰들이 있다면 나이트를 가져도 아무런 이점이 없을 것입니다). 이 포지션에서는 흑의 승리 가능성이 매우 높습니다. 백에게는 자신의 폰들을 비숍과 같은 색 칸에 두고 있다는 추가적인 약점이 있습니다. 이는 체스를 두다 보면 종종 저지르는 실수입니다. 일반적으로 올바른 방법은, 엔딩에서는 당신의 폰 칸을 당신의 비숍과 다른 색상으로 가져야 합니다. 같은 색의 폰 칸을 가지고 있으면 비숍의 동작은 제한되며 결과적으로 비숍의 가치가 떨어집니다. 왜냐하면 기물의 가치는 종종 차지할 수 있는 칸 수로 측정할 수 있기 때문입니다. 이 문제와 관련하여, 폰을 상대 비숍과 같은 색깔의 칸으로 유지하는 것이 바람직하다는 사실에도 주의를 환기해야겠습니다. 특히 킹이 지원하는 통과한 폰이라면 더욱 그렇습니다. 여기서의 원칙은 다음과 같이 기술할 수 있습니다.

상대가 비숍을 가지고 있는 경우, 폰을 상대 비숍과 같은 색상의 칸에 두십시오.

상대가 비숍을 가지고 있든 없든, 당신에게 비숍이 있다면 폰을 자신의 비숍과 다른 색상의 칸으로 유지하십시오.

당연하겠지만, 이러한 원칙들은 때때로 포지션의 위급한 상황에 맞춰 수정되어야 합니다.

예제 34

다음 포지션에서 폰들은 보드 한쪽 측면에 몰려 있으며 나이트나 비숍을 보유해도 아무런 이점이 없습니다. 경기는 반드시 무승부로 끝나게 됩니다.

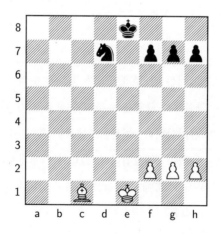

예제 35

이제 폰 세 개씩을 예제 34의 포지션에 추가하여 보드 양쪽에 폰들이 배치되도록 하겠습니다.

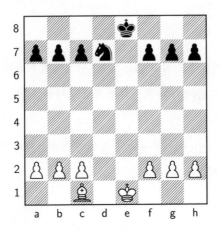

게임이 적절하게 진행되면 무승부로 끝나겠지만, 이 포지션에서는 이제 비숍을 가진 게 더 유리해집니다. 비숍이 가진 장점은 보드 한쪽에서 다른 쪽으로 이동할 수 있는 능력뿐만 아니라 중앙에서 긴 범위로 보드 양쪽을 차지할 수 있는 능력에 있습니다.

예제 36

다음 포지션에서는 각 플레이어가 동일한 수의 폰을 가지고 있지만 보드 양쪽에서 균형을 이루지 못하고 있기 때문에 비숍이 있는 쪽이 유리합니다. 퀸사이드에서는 흑이 3대 2인 반면 킹사이드에서는 백이 3대 2입니다. 그러나 백에게 다소 더 좋은 기회가 있긴 하지만, 흑에게 적절한 운영이 이뤄지면 경기는 무승부로 끝나게 됩니다.

예제 37

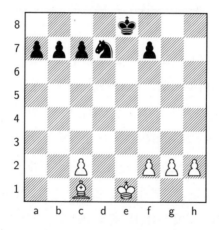

여기서는 보드 양쪽에 폰들이 있을 뿐만 아니라 통과한 폰(백은 h파일 폰, 흑은 a파일 폰)도 있기 때문에 비숍의 소유가 확실한 이점입니다. 흑은 이 포지션에서 무승부를 내는 데 엄청난 어려움이 있을 것입니다. 만약 그가 할 수만 있다면 말입니다.

예제 38

흑은 다음 포지션에서도 역시 무승부를 내는 데 큰 어려움을 겪을 것입니다.

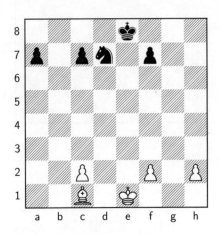

연구생은 이러한 포지션들을 신중히 고려해야 합니다. 저는 많은 예제들이 나이트와 비숍의 상대적 장점을 진정한 가치로 이해하는 데 도움이 되기를 바랍니다. 일반적인 방법은 스승을 통해서, 또는 실제 경험을 하는 것이 가장 좋습니다. 하지만 일반적으로 이러한 엔딩들의 적절한 방향은 킹을 보드 중앙이나 통과한 폰, 또는 공격받기 쉬운 폰을 향해 전진시키는 것과 통과한 폰이나 안전에 부합되는 폰을 빠르게 전진시키는 것이라고 생각합니다.

정해진 길을 따라 경기하는 것은 어리석은 짓입니다. 각각의 엔딩은 다르며 상대 의도에 따라 다른 대처를 요구합니다. 그러므로 미래의 포지션을 시각화하여 계산하는 것이 중요합니다.

15. 나이트-비숍으로 메이트하기

자, 다시 미들게임과 오프닝으로 돌아가기 전에, 나이트-비숍으로 어떻게 메이트를 하는지, 그리고 퀸으로 룩을 상대하여 어떻게 승리하는지 봅시다. 나이트와 비숍과 함께라면, **메이트는 비숍과 같은 색깔의 코너에서만 주어질 수 있습니다.**

예제 39

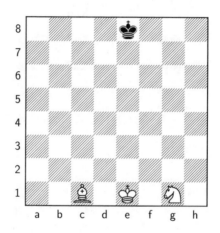

이 사례에서 백은 a1 또는 h8에서 메이트를 이루어야 합니다. 엔딩은 두 부분으로 나뉠 수 있습니다. 첫 번째 부분은 흑 킹을 마지막 라인까지 몰고 가는 방법으로 구성됩니다. 우리는 일반적인 모든 경우에 그렇듯이 킹을 보드 중앙으로 전진시킴으로써 시작할 수 있습니다.

| 1 | Ke2 | Kd7 |

흑은 상황을 어렵게 만들려고 코너의 밝은색 칸 쪽으로 이동합니다.

2	Kd3	Kc6
3	Bf4	Kd5
4	Ne2	Kc5
5	Nc3	Kb4
6	Kd4	Ka5
7	Kc5	Ka6
8	Kc6	Ka7
9	Nd5	Ka8

첫 번째 부분은 이제 끝났습니다. 흑 킹은 구석 밝은색 칸에 있습니다.

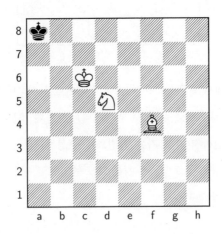

두 번째이자 마지막 부분은 메이트하기 위해 흑 킹을 a8에서

a1 또는 h8로 이동시키는 방법으로 구성됩니다. 이 위치에서는 a1이 가장 빠를 것입니다.

10	Nb6+	Ka7
11	Bc7	Ka6
12	Bb8	Ka5
13	Nd5	Ka4

흑은 킹으로 h1을 차지하기 위해 노력합니다. 백이 그 상황을 예방하는 두 가지 방법이 있는데 하나는 **14 Be5 Kb3 15 Ne3** 이며, 다른 하나는 제가 숙제로 내는 것입니다. 이 다른 하나는 연구생들이 직접 익혀 보는 것이 낫습니다. 왜냐하면 **가능하면 킹을 많이 사용하는 것**이야말로 모든 엔딩의 근원에 더 체계적이고 더 잘 부합할 수 있는 방법이기 때문입니다.

14	Kc5!	Kb3
15	Nb4	Kc3
16	Bf4	Kb3
17	Be5	Ka4
18	Kc4	Ka5
19	Bc7+	Ka4
20	Nd3	Ka3
21	Bb6	Ka4
22	Nb2+	Ka3

23	Kc3	Ka2
24	Kc2	Ka3
25	Bc5+	Ka2
26	Nd3	Ka1
27	Bb4	Ka2
28	Nc1+	Ka1
29	Bc3#	

엔딩이 다소 수고스러움을 알 수 있을 것입니다. 두 가지 두드러진 특징이 있는데 바로 킹의 근접 추격과, 나이트와 킹의 합작으로 비숍과는 다른 색의 칸을 통제하는 것입니다. 연구생은 이 엔딩으로 체계적인 연습을 하는 것이 좋습니다. 왜냐하면 이 엔딩은 기물들의 실제 능력을 잘 알 수 있게 하며, 규칙으로 부여되는 50수 안에서의 메이트를 이루기 위해서는 선견지명이 필요하기 때문입니다.

16. 룩을 상대하는 퀸

이것은 폰이 없는 가장 어려운 엔딩 중 하나입니다. 방어 자산이 많으므로, 규칙으로 부여한 50수 범위 내에서는 매우 훌륭한 선수만이 능숙하게 운영할 때 우세할 것입니다(이 규칙은 언제라도 상대에게 50수 이내에 메이트를 요구할 수 있어야 한다는 것입니다. 그러나 기물을 교환하거나 폰이 전진할 때마다 카운트를 새로 시작해야 합니다).

예제 40

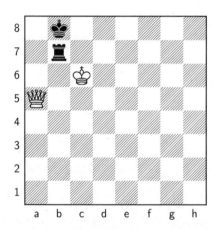

위 다이어그램은 흑이 종종 가질 수 있는 표준적인 포지션 중 하나입니다. 이제 백이 둘 차례입니다. 만약 흑이 둘 차례라면 룩을 킹에게서 멀리 떨어뜨려야 하기 때문에(그 이유를 알아내 보십시오) 백이 비교적 쉽게 이길 수 있을 것입니다. 이 내용에서 우리는 흑 룩이 자신이 방어하는 킹으로부터 떨어지게끔 하

는 것이 백의 주요 목표이며, 흑이 그렇게 하도록 만들기 위해서
는 퀸을 다이어그램의 **어두운색 칸**으로 이동시킨 포지션을 지향
해야 한다고 추론할 수 있습니다. 무엇이 필요한지 알게 되면 진
행 방법을 찾기가 쉬워집니다. 따라서 다음과 같이 둡니다.

1	Qe5+	

1 Qa6가 아닌 이유는 1...Rc7+ 2 Kb6 Rc6+ 3 Kxc6로 스
테일메이트가 되기 때문입니다(초보자라면 반드시 이 함정에 빠
집니다).

1	...	Ka8 또는 Ka7
2	Qa1+	Kb8
3	Qa5	

백은 몇 번의 움직임으로 목적을 달성했습니다. 첫 번째 부분
은 이걸로 끝입니다. 이제 두 번째 부분으로 넘어가겠습니다. 룩
은 밝은색 칸으로만 갈 수 있습니다. 그렇지 않으면 퀸에 의한
첫 번째 체크메이트가 이뤄지고 패배합니다. 그러므로 다음과
같이 행마합니다.

3	...	Rb3
4	Qe5+	Ka8(최선)
5	Qh8+	Ka7

6	Qg7+	Ka8
7	Qg8+	Rb8
8	Qa2#	

(연구생은 흑이 3...Rb1 4 Ke5+ Ka7을 뒀을 때는 어떻게 이길 수 있는지 스스로 찾아내 보십시오)

예제 41

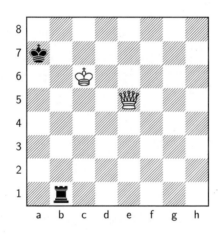

여기서의 절차는 앞서와 매우 유사합니다. 명심할 부분은 룩이 b8에 개입하여 갑작스러운 메이트를 거는 것을 막아야 하며, 같은 방식으로 킹이 a6나 c8로 가는 것도 막아야 한다는 점입니다.

예제 42

이제 좀 더 어려운 포지션을 검토할 차례입니다.

많은 플레이어들이 위 포지션에서 속아 넘어갈 것입니다. 가장 유망한 수가 의외로 최선이 아닙니다. 일단 다음과 같이 시작한다고 가정해 봅시다.

| 1 | Qe5+ | Kf8 |
| 2 | Kg6 | Rd7 |

2...Rd7은 백에게는 안타깝게도, 흑으로선 유일한 방어법이면서 매우 효과적인 방어입니다. 왜냐하면 백은 3 Qe6를 둘 수 없는데, 그렇게 하면 3...Rg7+ 4 Kf6 Rg6+로 무승부가 되기 때문입니다. 3 Qc5+를 둬서 빠르게 승리를 거두는 일도 불가능한데, 3...Ke8 4 Kf6 Rd6+!가 되면 스테일메이트를 피하기 위해 백은 킹을 돌려보내야 하기 때문입니다.

이제 상황의 어려움을 확인했으니 처음으로 돌아가 봅시다. 가장 좋은 동작은 다음과 같습니다.

| 1 | Qg5+ | Kh8 |

만약 1...Kh7으로 응수하면 2 Qg6+ Kh8 3 Kh6!가 됩니다.

| 2 | Qe5+! | Kh7(최선) |
| 3 | Kg5 | Ra7!(최선) |

만약 3...Rg7+ 4 Kf6를 두면 예제 40, 41과 유사한 포지션으로 진행됩니다.

4	Qe4+	Kg8
5	Qc4+	Kh7
6	Kf6	Rg7
7	Qh4+	Kg8
8	Qh5	

그리고 우리는 예제 40의 흑 포지션으로 이동하게 됩니다.

다시 처음으로 돌아가 봅시다.

1	Qg5+	Kf8
2	Qd8+	Kg7
3	Kg5	Rf3

흑 룩이 킹을 떠나기에 가장 좋은 포지션입니다. 3...Kh7 4 Qd4 Rg7+ 5 Kf6를 두면 이미 본 것과 유사한 포지션으로 진행되었을 것입니다.

4	Qd4+	Kf8
5	Kg6	

5 Qd6+ Kg7 6 Qe5+ Kf8 7 Kg6로도 룩을 획득할 수 있습니다. 그러나 텍스트 무브text move*는 엔딩의 기교를 보여 줍니다. 백은 지금 d8에서의 메이트를 위협하고 있습니다.

5	...	Rg3+
6	Kf6	Rf3+
7	Ke6	Rh3

7...Rh3는 백이 h8에서의 메이트를 위협했기 때문입니다.

8	Qf4+

흑은 룩을 잃습니다.

이러한 사례들에서는 모든 필승법의 핵심이 대각선을 따라 장

---

* 체스 기보를 설명할 때는 기보에 대한 설명과 함께 변형이나 대안을 함께 설명하는 게 일반적인데, 그러한 변형이나 대안 행마와 구분하기 위해 원래 기보에서 행해진 행마를 가리키는 용어.

거리에서 체크check하는 경우가 많습니다. 또한 퀸과 킹은 종종 다른 선상에 놓입니다. 연구생은 이 포지션들을 신중히 검토하고 본문에 제시되지 않은 모든 가능성들을 고려해야 합니다.

그리고 독서를 더 진행하기 전에 앞서 나온 모든 내용을 다시 한 번 검토하길 바랍니다.

3장
미들게임에서의 승리 계획

이제 제가 치른 경기들에서 얻은 몇 가지 승리 포지션을 제공하겠습니다. 저는 **유형**으로 간주될 수 있는, 즉 다소 유사한 형태로 재차 쉽게 발생할 수 있는 포지션들을 선택하였습니다. 이러한 포지션들에 관한 지식은 큰 도움이 됩니다. 사실, 사람은 너무 많은 것을 알 수는 없습니다. 이러한 지식은 종종 적은 노력으로도 올바른 수 찾기에 도움이 될 수 있으며, 지식이 없으면 올바른 수는 전혀 못 찾을 수도 있습니다.

17. 나이트의 지원이 없는 공격

예제 43

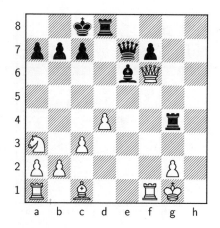

흑이 움직일 차례이며 백에 비해 나이트와 폰이 열세이기에 조금이라도 빠르게 승리를 거둬야만 합니다. 그는 다음과 같이 둡니다.

1	...	Rdg8
2	Rf2	

만약 2 Qxe7 Rxg2+ 3 Kh1 Bd5로 이어지면 이후 몇 번의 움직임으로 백이 메이트 될 것입니다.

2	...	Rxg2+
3	Kf1	Bc4+

4	Nxc4	Rg1#

예제 44

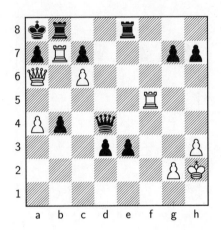

　흑의 마지막 수는 ...e3이며, 백의 위협을 멈추기 위해 행해졌습니다. 즉 백의 Ra5에 그는 ...Qf4+로 응수하여 무한 체크로 무승부를 만들 것입니다. 그러나 백은 그보다 더 강력한 행마를 선보이며 다음과 같이 세 번의 움직임으로 메이트를 합니다.

1	Rxa7+	Qxa7
2	Ra5	**흑 이동**
3	**백 메이트**	

예제 45

　다음 다이어그램에서 백은 아름다운 포지션을 가지고 있지만, 흑이 방어적인 포지션을 굳히기 전에 할 수 있다면 약간의 성과를 얻는 게 좋을 것입니다. 따라서 다음 행마를 수행합니다.

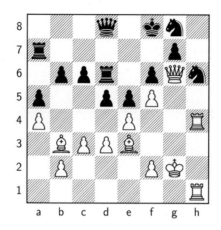

1	Rxh6!	gxh6
2	Bxh6+	Ke7

만약 2...Nxh6 3 Rxh6를 두면 흑은 무력해집니다.

3	Qh7+	Ke8
4	Qxg8+	Kd7
5	Qh7+	Qe7
6	Bf8	Qxh7
7	Rxh7+	Ke8
8	Rxa7	**기권**

이 몇 가지 예제에서 공격은 룩과 비숍이 퀸과 함께 콤비네이션되어 이루어졌습니다. 그 공격에 참여할 수 있는 나이트는 없었습니다. 이제 나이트가 공격 부대로서 중요한 역할을 하는 몇 가지 예를 들어보겠습니다.

18. 나이트를 주요 병력으로 한 공격

예제 46

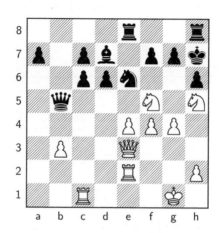

백은 흑에 비해 폰 두 개가 뒤처져 있습니다. 그러므로 그는 공격을 재촉해야 합니다. 경기가 계속됩니다.

| 1 | Nfxg7 | Nc5 |

흑이 단순하게 나이트로 룩을 잡아 공격을 유지하려는 분명한 실수가 백의 승리를 쉽게 만들었습니다. 흑은 1...Nxg7을 둘 수도 있었습니다. 그러면 2 Nf6+ Kg6 3 Nxd7 f6(최선) 4 e5 Kf7 5 Nxf6 Ke7 6 Ne4가 되고 흑이 패배합니다.[*]

---

[*] 이 경기의 모든 스코어와 기록은 저자의 다른 저서인 『나의 체스 이력서My Chess Career』(필요한책)에 수록되어 있다(O. S. 번스타인 박사와의 대국, 84쪽). (원)

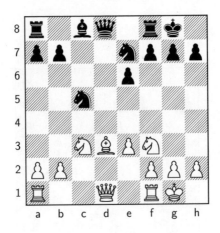

이와 비슷한 상황에서 백은 비숍을 희생하는 것이 일반적이며 실제 경기에서 자주 발생할 수 있기 때문에 연구생은 신중하게 포지션을 검토해야 합니다. 진행해 보겠습니다.

1	Bxh7+	Kxh7
2	Ng5+	Kg6

최선. 2...Kh6면 3 Nxf7+로 흑 퀸을 잡습니다. 그리고 2...Kg8면 3 Qh5로 저항할 수 없는 공격을 가할 수 있습니다.

3	Qg4	f5
4	Qg3	Kh6

백이 마침내 이겼습니다. 예제 50을 참조하길 바랍니다.

19. 간접 공격으로 승리하기

지금까지 공격에 격렬한 성격을 부여하여 킹의 포지션에 직접적으로 맞서는 포지션들을 제시했습니다. 그러나 미들게임에서는 포지션이나 기물, 심지어 폰에 대한 공격이 이루어지는 경우가 매우 많습니다.

동등한 수준의 실력 있는 선수들 사이에서 폰의 획득은 종종 경기의 승리를 의미합니다.

그러므로 그러한 포지션에 대한 연구는 매우 중요합니다. 궁극적으로 게임에서 승리하기 위한 수단으로서 오로지 폰의 이득을 목표로 하는 공격의 두 가지 포지션을 제시합니다.

예제 48

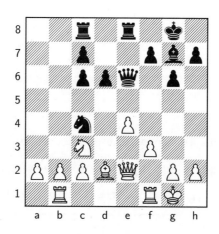

흑은 폰 하나가 뒤처져 있으며, 백 킹에 대한 격렬한 직접 공격은 없습니다. 하지만 흑의 기물들은 매우 잘 배치되어 있고 자

유롭게 행동할 수 있으며, 기물들의 행동을 조율함으로써 그는 곧 폰을 보상받을 뿐만 아니라 더 나은 게임을 얻을 수 있습니다. 연구생은 이 포지션과 이후의 움직임을 신중하게 관찰해야 합니다. 이것은 힘의 관리에 있어 적절한 협력을 보여 주는 좋은 예입니다. 계속해 봅시다.

1	...	Ra8
2	a4	

백의 가장 좋은 움직임은 2 b3였습니다. 거기서 2...Nxd2 3 Qxd2 Ra3로 이어지면 흑은 최종적으로 a파일 폰을 잡으며 계속적으로 약간의 우위를 유지할 수 있습니다. 그러나 텍스트 무브는 문제를 그보다 더 쉽게 만듭니다.

2	...	Nxd2
3	Qxd2	Qc4
4	Rfd1	Reb8

흑은 4...Bxc3를 두면 폰을 보상받을 수 있었지만, 그보다 더 많은 것을 가질 수 있는 가능성을 봤고, 따라서 백의 퀸사이드에 대한 압박을 키웁니다. 그는 무엇보다도 ...Rxb2를 두겠다고 위협하고 있습니다.

5	Qe3	Rb4

5...Rb4는 ...Bd4로 교환하여 잡겠다는 위협입니다.

6	Qg5	Bd4+
7	Kh1	Rab8

이로 인해 백은 나이트가 잡힌다는 위협을 받게 되어 교환을 포기해야 합니다.

8	Rxd4	Qxd4
9	Rd1	Qc4

이제 흑은 폰을 보상받을 것입니다.

예제 49

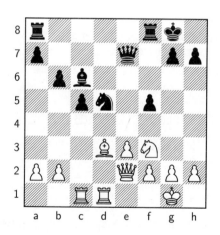

이 포지션을 조사해 보면 흑의 주요 약점은 킹의 노출된 위치

에 있으며, 그의 a파일 룩이 아직 본격적인 게임에 들어오지 못했음을 알 수 있습니다. 사실 흑의 전개를 보면, 그가 퀸사이드에 3대 2로 폰을 더 많이 가지고 있고 비숍은 긴 대각선을 통제하고 있기 때문에 더 나은 운영을 할 수 있으리라고 결론낼 수 있을 것입니다.

그런데 백의 전개에선 선택할 수 있는 경로가 두 가지 있습니다. 명백하게 보이는 행마로서는 **Bc4**로 충분할 수 있습니다. 1 **Bc4 Rad8 2 b4**는 흑을 힘들게 만들 수 있기 때문입니다. 하지만 더 나은 포지션을 얻는 것 외에도 흑의 포지션을 완전히 뒤엎고 폰을 획득할 수 있는 또 다른 수가 있습니다. 그것은 **Nd4!**입니다. 게임은 다음과 같이 계속됩니다.

1	Nd4!	cxd4
2	Rxc6	Nb4

이제 Bc4로 위협하는 것, 이보다 더 좋은 수는 없습니다.

3	Bc4+	Kh8
4	Re6	d3
5	Rxd3	

그리고 백은 더 나은 포지션으로 폰에서 앞서게 됩니다.

이러한 포지션들은 연구생을 다양한 콤비네이션에 친숙하게 하려는 취지에서 제시되었습니다. 좋은 플레이어에게 꼭 필요한 자질인 상상력을 키우는 데도 도움이 됐으면 좋겠습니다. 연구생은 이 모든 미들게임 포지션에서 **기회가 있으면 필요할 때 모든 기물들이 '집단적으로en masse' 움직인다는 점**, 그리고 **모든 기물들의 동작이 기계 같은 정밀함으로 부드럽게 조정된다는 점**을 주목해야 합니다.

이 예제들과 완전히 똑같지는 않더라도, 적어도 이상적인 미들게임은 그래야 하는 법입니다.

4장
일반 이론

오프닝 기술로 돌아가기 전에 일반적인 이론에 조금 더 주의를 기울여 게임의 나머지 부분과 연관되는 오프닝에 대해 더 잘 이해할 수 있도록 하는 것이 좋겠습니다.

20. 주도권

체스보드에 세팅된 기물들은 양쪽 모두 기물 성격과 포지션이 동일합니다. 그러나 백은 먼저 행마할 수 있고 이는 주도권을 의미하는데, 그 외의 다른 요소들은 동등하다는 점에서 장점이라고 할 수 있습니다. 이 장점은 되도록 오래 유지할 수 있어야 하며, 물질적 또는 포지션적으로 다른 이점을 얻을 경우에만 포기해야 합니다. 백은 우리가 이미 정한 원칙에 따라 최대한 빨리 자신의 기물을 전개하여, 그렇게 함으로써 가능한 한 모든 곳에 압력을 가하여 상대의 전개를 방해해야 합니다. 그는 우선 중앙을 통제하려고 노력해야 하는데, 적을 계속 괴롭힐 수 있는 포지션적 우위를 확보하려다 보면 이를 놓치게 됩니다. 그는 자신이 결과적으로 유리한 조건하에서 어떤 물질적 이득을 얻었을 때에야 비로소 주도권을 포기해야 합니다. 그리고 마지막으로, 자신의 물질적 우위를 통해 주도권을 한 번 더 재개할 수 있고, 그것만으로도 승리할 수 있습니다. 이 마지막 주장은 자명합니다. 게임에서 이기려면 상대 킹을 탈출할 방법이 없이 공격받는 위치로까지 내몰아야 하기 때문입니다. 기물이 제대로 전개되면 결과로서의 포지션은 다양해질 수 있습니다. 그것은 킹에 대한 직접적인 공격이거나, 이미 유리한 포지션을 향상시키는 경우일 수도 있고, 마지막으로 어느 정도 기간 동안 주도권을 포기하는 댓가를 치르면 얻을 수 있는 이득이 있을 수도 있습니다.

21. 물질적 우위를 통한 직접 공격

주도권에 관한 첫 번째 사실은 성공을 보장하기 위해선 충분한 힘으로 공격을 진행해야 한다는 것입니다. 어떤 고려에서도 킹에 대한 직접적인 공격은 성공하리라는 절대적인 확신이 없는 한 수행되어서는 안 됩니다. 이 경우 실패는 재앙을 의미하기 때문입니다.

예제 50

킹을 직접 공격하는 데 성공한 좋은 예가 다음 다이어그램에 나와 있습니다.

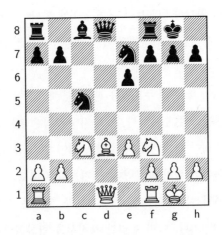

이 포지션에서 백은 간단히 **Bc2**를 두면 더 나은 포지션을 갖출 수 있었습니다. 하지만 오히려 공격이 승리로 이어지리라는 확신을 가지고 킹사이드에 대한 즉각적인 공격을 선호했습니다.

경기는 다음과 같이 계속됩니다.*

12	Bxh7+	Kxh7
13	Ng5+	Kg6
14	Qg4	f5

14...f5는 흑의 최선의 수입니다. 14...e5는 즉각 치명적일 수 있었습니다. 14...e5 15 Ne6+ Kf6 16 f4! e4 17 Qg5+ Kxe6 18 Qe5+ Kd7 19 Rfd1+ Nd3 20 Nxe4 Kc6(만약 20...Ke8 이면 21 Nd6+로 흑 퀸이 잡힙니다) 21 Rxd3 Qxd3 22 Rc1+ Kb6(만약 22...Kd7이면 2수로 메이트) 23 Qc7+ 그리고 5수 째에 메이트 됩니다.

15	Qg3	Kh6
16	Qh4+	Kg6
17	Qh7+	Kf6

만약 17...Kxg5 18 Qxg7+면 흑은 몇 수 안에 메이트 됩니다.

| 18 | e4 | Ng6 |

---

* 지금부터 체스 마스터가 계속 염두에 두고 있는 다양하고도 많은 고려 사항에 연구생들이 익숙해질 수 있도록 게임과 기록을 제공한다. 연구생이 모든 행마를 완전히 이해하지는 못할 수도 있겠지만, 그와 관련된 어떤 논의에서든 이득을 얻을 수 있는 단계에 도달했음을 당연하게 받아들여야 한다. (원)

19	exf5	exf5
20	Rad1	Nd3
21	Qh3	Ndf4
22	Qg3	Qc7
23	Rfe1	Ne2+

흑의 이 치명적인 실수는 게임을 단숨에 무너뜨리며, 어떤 경우에도 구원할 수 없게 합니다. 유사한 다른 예를 들자면 23...Be6 24 Rxe6+ Nxe6 25 Nd5#도 있습니다.

24	Rxe2	Qxg3
25	Nh7+	Kf7
26	hxg3	Rh8
27	Ng5+	Kf6
28	f4	기권

예제 51

이런 종류의 또 다른 예는 다음과 같습니다.

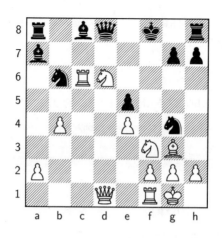

위와 같은 포지션에서 백은 단순한 수인 **Nxe5**로 이길 수 있지만, 그는 체스의 복잡성과 그 아름다움을 추적해 보기로 합니다. 이런 진행은 실제 마스터적 플레이로서의 폭넓은 경험을 통해 포지션의 모든 가능성을 충분히 파악하기 전까지는 위험성이 큽니다. 1914년 상트페테르부르크에서 우수상을 수상한 이 경기는 다음과 같이 이어졌습니다.

21	Bh4	Qd7
22	Nxc8	Qxc6
23	Qd8+	Qe8

만약 **23...Kf7 24 Nd6+**를 뒀을 때, 흑 킹은 다음 수에서 어디로 움직이든 스물다섯 번째 수에서 메이트 됩니다.

24	Be7+	Kf7

25	Nd6+	Kg6
26	Nh4+	Kh5

만약 26...Kh6 27 Ndf5+ Kh5 28 Nxg7+ Kh6 29 Nhf5+ Kg6 30 Qd6+로 진행되면 다음 수에서 흑은 메이트 됩니다.

27	Nxe8	Rxd8
28	Nxg7+	Kh6
29	Ngf5+	Kh5
30	h3!	

21 Bh4로 시작된 콤비네이션의 클라이맥스입니다. 백은 여전히 메이트를 위협하고 있습니다. 흑이 메이트를 회피하는 최선의 길은 열세인 세 개의 폰을 남기고 얻은 모든 자원을 돌려주는 것입니다.

연구생은 이 예제에서 사용 가능한 모든 기물들을 활용한 공격이 수행되어, 종종 일부 변형에서 주목한 것처럼 사용 가능한 마지막 기물의 실행이 마침내 적을 무너뜨리는 걸 눈여겨 봐야 합니다. 이 설명은 이미 확인된 원칙을 증명합니다.

킹에 대한 직접적인 맹공은 성공을 보장하기 위해 총력을 기울여 집단적으로 이루어져야 합니다. 어떤 대가를 치르더라도 대립을 극복해야 합니다. 공격의 중단은 패배를 의미하기 때문에 공격을 멈추면 안 됩니다.

22. 위협하는 공격의 위력

주도권에 관한 두 번째 사실, 효과적인 공격을 위해서는 상대 포지션에 어떤 약점이 이미 있으면 그 약점을 증폭시켜야 하며, 없으면 하나 이상의 약점을 만들어야 합니다. 무언가를 위협하는 것은 항상 이로운 일이지만, 그러한 위협은 무언가를 즉각적으로 얻어야만 효력을 발휘합니다. 위협 요소를 손에 쥐게 되면, 상대에게는 그 실행에 대해 대비하며 대비를 충족한 준비 상태를 유지하게끔 강요하게 됩니다. 따라서 그는 다른 지점에서의 공격을 더 쉽게 간과하거나, 막을 수 없게 됩니다. 하지만 일단 위협이 발효되면, 동시에 그것은 더 이상 존재하지 않게 됩니다. 그러면 상대는 자신의 계획에 주의를 기울이게 될 수도 있습니다. 이러한 유형의 게임에서 가장 효과적이고 성공적인 기술 중 하나는 한쪽에서 시위를 일으켜 상대 병력을 그쪽으로 끌어당긴 다음, 당신의 기물이 가진 더 강력한 기동력을 바탕으로 반대쪽으로 빠르게 병력을 이동시켜 돌파하는 것입니다. 상대가 방어에 필요한 병력을 데려오기 전에 말입니다.

이러한 포지션 플레이와 관련된 운영의 좋은 예는 다음 경기에서 볼 수 있습니다.

예제 52

1913년 아바나 인터내셔널 마스터스 토너먼트Havana International Masters Tournament에서의 경기.

백: J. R. 카파블랑카   흑: R. 블랑코Blanco

1	e4	e6
2	d4	d5
3	Nc3	dxe4
4	Nxe4	Nd7
5	Nf3	Ngf6
6	Nxf6+	Nxf6
7	Ne5	

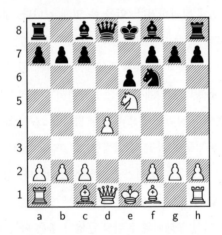

이 행마는 재능 있는 베네수엘라의 아마추어 M. 아얄라Ayala
가 처음 선보였습니다. 백의 목표는 이 변형에서 일반적인 수인
흑의 ...b6 이후 퀸스 비숍의 b7 전개를 막는 것입니다. 일반적
으로 오프닝에서 다른 기물들이 나오기 전에 같은 기물을 두 번
옮기는 것은 좋지 않으며, 그 원칙의 위반이 이 행마에 대한 유
일한 이의가 될 수 있습니다. 그러나 그걸 제외하면 추천할 모든

이유가 담긴 행마입니다.

7	...	Bd6
8	Qf3	

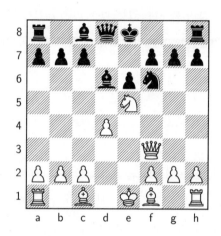

백은 8 Bg5가 더 나았을 듯합니다. 8 Qf3는 흑이 미처 이용하지 못한 기회를 준 셈입니다.

8	...	c6

8...c5가 옳은 움직임입니다. 그 수는 흑이 자신의 문제가 되었을 수도 있는 복잡한 문제로 이끌 수 있었습니다. 그렇다 해도, 적어도 백의 운영은 무척 어려워졌을 것입니다. 그러나 ...c6는 아무것도 이루지 못하고 흑은 완전히 방어적 입장에 놓입니다. 여기서 ...Bxe5는 베일에 가려진 위협이었으며 그 수에 이어서 ...Qa5+가 쉽게 이뤄질 수도 있었습니다.

| 9 | c3 | 0-0 |
| 10 | Bg5 | Be7 |

이제 흑이 비숍을 철수시켜야 하는 현실은 잘못된 전개 계획을 분명하게 보여 줍니다. 그는 너무 많은 시간을 낭비했고, 백은 자신의 기물들을 어떤 방해도 받지 않고 가장 공격적인 위치에 놓습니다.

| 11 | Bd3 | Ne8 |

대안은 11...Nd5였습니다. 그렇지 않으면 백은 12 Qh3를 둬서 흑이 12...g6를 두도록 강요할 것이며(12...h6는 좋은 수가 아닌데, Bxh6로 희생되기 때문입니다) 흑의 킹사이드를 심각하게 약화시킬 것입니다.

| 12 | Qh3 | f5 |

백은 더 이상 공격을 하지 않았지만 흑이 눈에 띄는 약점을 만들어 내도록 강요했습니다. 이제 백의 전체 계획은 이 약점(약해진 흑 e파일 폰)의 활용이 될 것이며, 연구생들은 이전에 설명한 원칙들이 이 경기에서 어떻게 적용되는지 볼 수 있습니다. 백의 모든 수는 흑이 허약한 e파일 폰을 방어할 수 없게 하거나, 폰을 방어하느라 무력해진 흑 기물들로 인해 다른 지점에서 백의 포지션을 개선하는 이득을 취하도록 지시됩니다.

13	Bxe7	Qxe7
14	0-0	Rf6
15	Rfe1	Nd6
16	Re2	Bd7

마침내 흑 비숍이 등장하는데, 활동적인 공격을 위해서가 아니라 룩을 위한 길을 내주기 위해서입니다.

17	Rae1	Re8
18	c4	Nf7

흑의 수는 백 폰의 c5행을 막고 **Nxd7**을 두어 **Bxf5**로 이어지게끔 유혹하는 매우 영리한 움직임입니다. 이는 다음 변형이 보여 주듯 백의 상태를 안 좋게 만들 수 있습니다. **19 Nxd7 Qxd7 20 Bxf5 Ng5 21 Qg4 Rxf5 22 h4 h5 23 Qxf5 exf5 24 Rxe8+ Kh7 25 hxg5 Qxd4.** 그러나 이 경기에서와 같은 경우, 한쪽 공격을 예측하면 항상 다른 쪽 공격이 발생하며, 이는 예외 없는 원리임을 앞으로도 보게 될 것입니다.

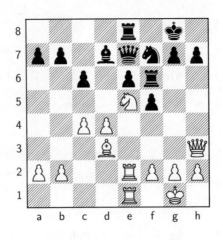

19	d5!	Nxe5

지금 흑의 수는 백의 다양한 위협에 대처하는 가장 좋은 수입니다. 19 ...cxd5는 백 비숍으로 하여금 c4를 경유하여 허약한 e파일 폰과의 연결점을 만들어 상황을 더 악화시킬 것입니다.

20	Rxe5	g6
21	Qh4	Kg7
22	Qd4	c5

백이 dxe6, 그리고 Qxa7을 두겠다고 위협하고 있기 때문에 흑에게 ...c5는 강제된 수입니다.

23	Qc3	b6

23...Qd6가 더 낫습니다. 하지만 흑은 백이 dxe6를 두게끔 유혹하고 싶어 하며, 그는 곧 자신의 폰을 안전한 포지션으로 되찾게 되리라 생각합니다. 하지만 백이 빠르게 증명하듯이, 그런 일은 일어나지 않습니다. 흑의 포지션으로는 어떻게든 방어할 수가 없다는 말도 덧붙여야겠습니다. 왜냐하면 그의 모든 기물들은 폰의 방어를 위해 묶여 있고, 백의 기물들은 자유롭게 행동할 수 있기 때문입니다.

24   dxe6   Bc8

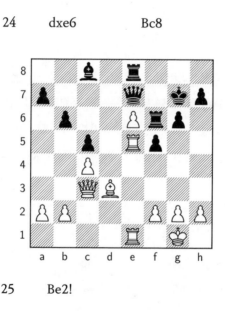

25   Be2!

결정적이고 시의적절한 움직임입니다. 이 비숍이 d5에 도달하면 모든 흑의 기물들은 쓸모없어집니다.

25   ...   Bxe6

26	Bf3	Kf7
27	Bd5	Qd6

이제 흑의 모든 기물들이 묶여 있음이 명백해지고, 단지 백이 이 문제를 빠르게 밀어붙이는 방법을 찾는 일만이 남았습니다. 백은 이제 h6에 퀸을 배치하고 h파일 폰을 h5로 진격시켜 킹을 방어하는 흑 폰을 부수려 합니다.

28	Qe3	Re7

만약 28...f4면 29 Qh3 h5 30 Qh4 Re7 31 Qg5 Kg7 32 h4 Qd7 33 g3 fxg3 34 f4로 흑은 곧 무력해질 것입니다. 백이 h5로 진격할 준비를 하는 동안, 제자리 걸음을 해야 하기 때문입니다. 그리고 백은 마침내 적절한 타이밍에 Rxe6를 둬서 승리를 거둡니다.

29	Qh6	Kg8
30	h4	a6
31	h5	f4
32	hxg6	hxg6
33	Rxe6	**기권**

에마누엘 라스커Emanuel Lasker 박사는 이 게임에서 백의 운영에 대해 언급하면서, 백의 행마가 제대로 분석된다면 개선

할 부분이 없다는 걸 발견할 수 있으리라고 말했습니다.

겉으로 보기에 간단한 게임들은 종종 가장 어려운 성격의 게임들입니다. 이런 경우 완전무결함은 킹을 상대로 한 탁월한 직접 공격을 요구하는 포지션보다 훨씬 더 얻기 어렵습니다.

23. 주도권 포기

세 번째 사실, 일단 물질적 우위를 확보하면 잠시 상대의 공격에 굴복하는 것, 그리고 모든 병력을 동원하여 신속하게 행동하여 물질적 승리를 거두는 것보다 더 유용한 방법은 없습니다.

예제 53

1913년 아바나 인터내셔널 마스터스 토너먼트

백: J. R. 카파블랑카   흑: D. 야노프스키Janowski

오프닝: 루이 로페즈

1	e4	e5
2	Nf3	Nc6
3	Bb5	Nf6
4	0-0	d6
5	Bxc6+	bxc6
6	d4	Be7
7	Nc3	

7 dxe5가 더 좋을 수도 있었지만, 이때 저는 그 변형에 익숙하지 않았기에 제가 잘 아는 수를 뒀습니다.

7	...	Nd7
8	dxe5	dxe5

9	Qe2	0-0
10	Rd1	Bd6
11	Bg5	Qe8
12	Nh4	g6

흑은 시간을 절약하고 공격권을 얻기 위해 교환을 제시합니다. 흑의 정당성 여부를 전혀 고려하지 않고, 백의 관점에서 볼 때 해야 할 일은 단 하나, 바로 교환에서 이겨서 폭풍우에 대비하는 것입니다. 그리고 일단 교환이 이뤄지면, 수치적 우월의 이점을 도출하기 위해 모든 힘을 다하여 신속하게 행동합니다.

13	Bh6	Nc5
14	Rd2	Rb8
15	Nd1	Rb4

백은 c4를 두도록 강요되었으며, 나이트를 위해 d4에 구멍을 만듭니다.* 이 대단한 전술은 대가의 손길을 보여 줍니다.

16	c4	Ne6
17	Bxf8	Qxf8
18	Ne3	

---

* 체스 용어 '구멍'은 폰 대형의 결함을 의미하며, 폰의 움직임에 의해 상대방이 쐐기처럼 자신의 병력을 세울 수 있는 자리다. 다음 다이어그램에서 흑은 f6과 h6에 두 개의 구멍이 있으며, 여기에는 백 나이트나 비숍이 기물이나 폰의 지원을 받아 자리를 잡을 수 있다. (원)

백에게는 **Nf3**가 더 나았습니다.

18	...	Nd4
19	Qd1	c5

흑의 수는 백이 폰을 획득하고 포지션을 안정시키는, 교환을 돌려놓는 **Rxd4**를 방지하기 위해서입니다.

20	b3	Rb8

흑의 수는 룩을 막지 않게끔 ...**Bb7**을 두기 위해서입니다. 포지션 우위를 점하기 위한 흑의 기동성은 경기 내내 훌륭합니다. 만약 그가 진다면, 폰 없는 교환의 희생으로는 견실한 방어적 운영에 맞서 성공할 수 없다는 사실에 전적으로 기인합니다.

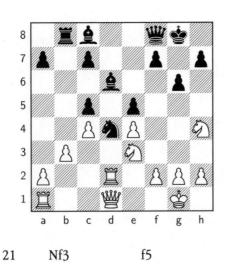

21	Nf3	f5

22	exf5	gxf5

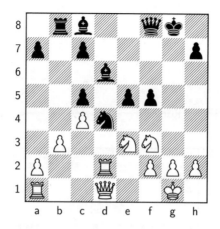

포지션이 백에게 정말 위험해 보이기 시작합니다. 실제로 흑의 공격은 최고조에 달하고 있으며 곧 절정에 도달할 것입니다. 그리고 잘 준비된 백은 반격을 시작할 것이며, 자산적 우위를 통해 의심의 여지없는 이득을 얻게 될 것입니다.

23	Nf1	f4
24	Nxd4	cxd4
25	Qh5	Bb7
26	Re1	c5

흑은 백의 Rxd4 가능성 때문에 26...Re8를 둘 수 없었습니다. 게다가 그는 ...e4를 둘 준비를 갖추길 원합니다. 현재 백은 Rxe5를 안전하게 둘 수 없지만, 곧 그 수를 위한 방법을 준비하게 될 것입니다. 그리고 비숍과 폰을 잡기 위해 룩을 포기함으로

써 흑의 공격이 완전히 틀어지게 만들고 흑보다 유리한 폰을 갖게 될 것입니다. 백의 모든 방어 조직은 이 전술의 기반 위에서 세워졌습니다.

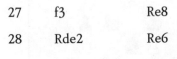

27	f3	Re8
28	Rde2	Re6

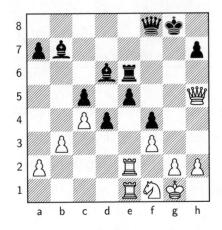

이제 흑 룩이 게임에 개입하지만 백은 준비가 되었습니다. 이제 교환을 돌려 받을 시간입니다.

29	Rxe5	Bxe5
30	Rxe5	Rh6
31	Qe8	Qxe8
32	Rxe8+	Kf7
33	Re5	Rc6
34	Nd2	

34 Rf5+가 더 나았을지도 모릅니다. 원래의 수는 기대만큼 강하지 않았습니다.

34	...	Kf6
35	Rd5	Re6
36	Ne4+	Ke7

흑은 36...Rxe4를 두면 쉽게 집니다.

| 37 | Rxc5 | d3! |

37...d3는 매우 좋습니다. 백은 **38 Rc7+**를 둘 수 없는데 왜냐하면 흑이 **38...Kd8 39 Rxb7 Rxe4**로 승리할 수 있기 때문입니다.

38	Kf2	Bxe4
39	fxe4	Rxe4
40	Rd5	Re3

엔딩은 이기기가 매우 까다롭습니다. 이 시점에서 백은 경기가 어드전Adjournment*이 되기 전에 마지막 행마를 만들어야 했습니다.

----

* 과거에 체스 경기에서 경기가 너무 길어지면 선수들의 체력 안배와 더 좋은 수 개발을 위해 장시간 휴식을 취하고 경기를 이어가는 걸 의미한다. 현재는 쉬는 시간에 체스컴퓨터 등으로 경기를 분석하는 게 우려되어 대부분 금지되어 있다.

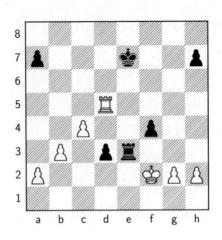

41	b4!	Re4
42	Rxd3	Rxc4
43	Rh3	Rxb4
44	Rxh7+	Kf6
45	Rxa7	Kf5
46	Kf3	Rb2
47	Ra5+	Kf6
48	Ra4	Kg5
49	Rxf4	Rxa2
50	h4+	Kh5
51	Rf5+	Kh6
52	g4	기권

엔드게임은 까다로워서 가볍게 넘어갑니다. 지금은 나중에 다룰 엔딩보다 오프닝과 미들게임이 더 중요하기 때문입니다.

24. 기물 차단하기

마스터는 실제 전투 현장에서의 기물들 중 하나를 차단하기 위해서만 경기를 운영하는 경우가 매우 많습니다. 그런 경우, 종종 비숍이나 나이트가 완전히 무력화되는 그 순간부터 게임에서 이겼다고 말할 수도 있습니다. 모든 실질적인 목적을 위해선 다른 쪽보다 한쪽에 더 많은 기물이 있어야 하기 때문입니다. 다음 경기에서 그에 관한 매우 훌륭한 삽화가 제공됩니다.

예제 54

1919년 헤이스팅스 빅토리 토너먼트Hastings Victory Tournament에서의 경기.

백: W. 윈터Winter   흑: J. R. 카파블랑카

오프닝: 포 나이츠Four Nights

1	e4	e5
2	Nf3	Nc6
3	Nc3	Nf6
4	Bb5	Bb4
5	0-0	0-0
6	Bxc6	

이는 제가 한 많은 경기에서 성공적이었던 아론 님조위치 Aron Nimzowitsch의 변형입니다. 이것은 백을 매우 견고하게

만듭니다. 님조위치의 생각은 백이 때가 되면 f4를 둘 수 있게 되어, 룩을 위한 길을 열어, f5로 나이트를 보내는 콤비네이션과 결합하면 충분히 이길 수 있으리라는 것입니다. 그는 흑이 백 나이트가 f5로 가는 일을 막으려 한다면, 어떻게든 스스로를 약화시킬 수밖에 없다고 생각합니다. 이것이 사실인지 아닌지는 아직 증명해야겠지만, 제 생각에 이 움직임은 완벽하고 훌륭합니다. 반면에 흑이 자신의 기물을 쉽게 전개할 수 있다는 것 또한 의심의 여지가 없습니다. 하지만 이 변형은 백이 흑의 전개를 방해하지 않으면서 적절한 시기에 공격을 시작할 수 있는 난공불락의 포지션을 구축하려는 의도임을 고려해야만 합니다.

| 6 | ... | dxc6 |

대안인 6...bxc6는 의심할 여지없이 백에게 최고의 게임을 선사합니다.

| 7 | d3 | Bd6 |
| 8 | Bg5 | |

백의 이러한 움직임은 이 변형의 성격과 전혀 일치하지 않습니다. 백의 일반적인 전략은 g파일 폰의 g4 진출이 뒤따를 수 있는 h3를 두는 계획입니다. 그리고 퀸스 나이트Queen's Knight를 f5로 보내 e2와 g3 또는 d1과 e3를 통제하는 것입니다. 그런 다음 가능하다면 킹스 나이트를 경우에 따라 h4, g3

또는 e3에 배치하여 다른 나이트와 연동시킵니다. 백 킹은 g1, 혹은 때때로 g2에 배치되기도 하지만 대부분 h1에 배치됩니다. 마지막으로, 대부분의 경우 f파일 폰으로 f4를 두게 되고 실질적인 공격이 시작됩니다. 이는 때로는 킹에 대한 직접적인 공격이 되고 때로는 대부분의 기물들이 교환된 후 엔드게임에서의 유리한 포지션을 위해 행하는 것입니다.

| 8 | ... | h6 |
| 9 | Bh4 | c5 |

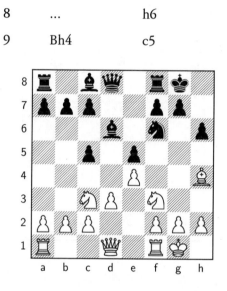

9...c5는 백 폰의 d4행을 막고 Nd5를 두게 끌어들이는 치명적인 수입니다. 흑은 상황이 허락되는 대로 ...g5를 둬서 백 비숍에 의한 핀pin*으로부터 자신의 퀸과 나이트를 해방시키고자 합니다.

---

* 장거리 공격을 받은 기물이 뒤에 자신보다 더 큰 가치의 기물이 있어서 움직이지 못하는 상태.

10	Nd5

백은 함정에 빠집니다. 경험 부족만이 이런 움직임을 설명할 수 있습니다. 백은 저 정도의 경험과 체력을 가진 선수가 컨디션이 좋으면 이런 움직임을 절대 용납하지 않는다는 걸 염두에 둬야 했습니다.

10	...	g5

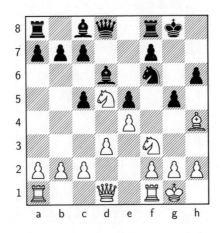

이 동작 이후 백은 게임에서 패배합니다. 백은 11 Nxg5를 둘 수 없는데 왜냐하면 11...Nxd5로 기물이 잡히기 때문입니다. 따라서 그는 Nxf6+를 둔 전이나 후로 Bg3를 둬야 하며, 두 경우 모두 곧 볼 수 있듯이 비참한 결과를 얻을 수밖에 없습니다.

11	Nxf6+	Qxf6
12	Bg3	Bg4

13	h3	Bxf3
14	Qxf3	Qxf3
15	gxf3	f6

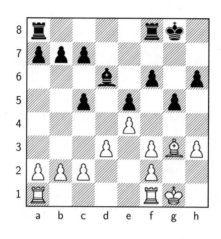

간단히 복기해 봐도 백 비숍이 모든 실질적 쓰임에서 제외되었다는 걸 알 수 있습니다. 백은 폰 하나를 희생시켜야만 비숍을 해방시킬 수 있고, 어쩌면 그렇게 해도 활용은 불가능할지도 모릅니다. 적어도 폰을 제외한 나머지 기물들은 시간을 낭비하게 될 수 있습니다. 흑은 이제 그의 모든 에너지를 퀸사이드에 바치며, 사실상 백보다 비숍을 더 활용할 수 있기 때문에 결과에는 의심의 여지가 없습니다. 경기의 나머지 부분은 뚝 떨어진 수준이어서 연구생은 이런 상황에서의 승리가 얼마나 간단한지 알 수 있습니다.

16	Kg2	a5
17	a4	Kf7

| 18 | Rh1 | Ke6 |
| 19 | h4 | Rfb8 |

백이 폰을 교환하여 킹사이드의 룩 파일을 열어 봐야 아무 이득도 얻지 못하기 때문에 킹사이드에는 신경 쓸 필요가 없습니다.

20	hxg5	hxg5
21	b3	c6
22	Ra2	b5
23	Rha1	c4

만약 백이 여기서 제안받은 폰을 가져가면 흑은 ...bxc4 후 바로 ...Rb4로 폰을 되찾을 수 있습니다.

24	axb5	cxb3
25	cxb3	Rxb5
26	Ra4	Rxb3
27	d4	Rb5
28	Rc4	Rb4
29	Rxc6	Rxd4
	백 기권	

25. 시범 경기에서의 행마 평가

지금까지 제 주석이 담긴 경기들 몇 가지가 제시됐으니, 이번에는 영국의 일류 선수인 조지 토마스George Alan Thomas 경이 1919~1920년 겨울의 런던 체스 클럽 챔피언십에서 F. F. L. 알렉산더Alexander 씨를 상대로 한 아주 훌륭한 경기를 정독하고 연구할 것을 제안합니다.

조지 토마스 경이 제 요청에 따라 친절하게, 그리고 적절하다고 여겨지는 조언을 해 주겠다는 생각으로 게임에 주석을 단 내용에는 연구생에게 흥미롭게 다가갈 특징들이 담겨 있습니다. 조지 토마스 경의 주석은 괄호 안에 있으므로 제 의견과 구별될 것입니다.

예제 55

백: F. F. L. 알렉산더 씨   흑: 조지 토마스 경

오프닝: 퀸스 갬빗 거절Queen's Gambit Declined

1	d4	d5
2	Nf3	Nf6
3	c4	e6
4	Nc3	Nbd7
5	Bg5	c6
6	e3	Qa5

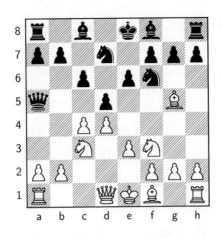

[흑의 방어 방법 중 하나는 백 퀸스 나이트를 ...Ne4로 이중으로 공격하고 ...dxc4가 뒤따르는 것입니다. 그러나 백에게는 아마도 7 Nd2가 이 위협을 방어하는 강력한 해법이 될 것입니다.] 게다가 이 방어 방법은 두 가지 좋은 이유가 있습니다. 첫째, 다른 방어법들만큼 많이 쓰이지 않아서 잘 알려져 있지 않으며 둘째, 흑에게 일반적으로 이득이라 할 수 있는, 비숍-나이트에 대응하는 두 개의 비숍을 남기기 때문입니다.

7	Bxf6	Nxf6
8	a3	Ne4
9	Qb3	Be7

이것은 d6에 자리했어야 하는 흑 비숍으로선 논리적인 위치가 아닙니다. 오프닝에서는 시간이 매우 중요하기 때문에 선수는 전개 시 매우 신중해야 하며 올바른 장소에 자신의 기물을 위

치시켜야 합니다.

10	Bd3	Nxc3
11	bxc3	dxc4
12	Bxc4	Bf6

[저는 백 나이트가 e5로 오는 것을 원치 않았습니다. 그곳은 제 e파일 폰의 약화 없이는 ...f6에 의한 축출을 할 수 없습니다.] ...Bd6를 둬도 같은 결과를 얻을 수 있습니다. 그런데 흑 비숍을 원래 d6에 둬야 했다는 내용은 제 앞선 설명에 잘 나와 있습니다.

| 13 | 0-0 | |

대안은 **13 e4**이며 이어서 **e5**를 둔 그 다음에 **0-0**을 하는 것이었습니다. 그러면 캐슬링으로 인해 백은 주도권을 쥐게 되겠지만 폰 포지션이 상당히 약화되어, 킹에 대한 맹공에 모든 것을 걸도록 강요받을 수도 있습니다. 이것은 경기에서의 전환점이며, 선수의 기질과 스타일이 게임의 향방을 결정하는 지점입니다.

13	...	0-0
14	e4	e5

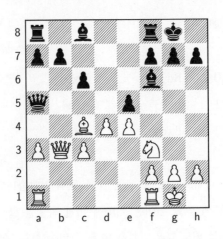

15   d5

[백은 15 Rfd1을 둘 수 있었으며, 나중에 중앙을 부술 수 있는 옵션을 유지할 수도 있었습니다. 저는 그가 d파일 폰을 앞으로 당겨 주길 원했습니다. 왜냐하면 지금 c5에 저의 비숍을 위한 좋은 위치가 있기 때문입니다.] 이 수로 인해 백은 자신의 포지션의 진정한 가치를 이해하지 못한다는 사실을 보여 줍니다. 그가 가진 최적의 장점은 흑 퀸스 비숍의 미전개 상태였습니다. 따라서 그는 그 비숍이 나오지 못하도록 계획을 세웠어야 했습니다. 또는 그것이 불가능하다면, 흑으로 하여금 비숍이 나오기 위해선 폰 포지션을 약화시키게끔 만들려고 노력해야 했습니다. 백이 고려해야 할 세 가지 움직임이 있었습니다. 첫째, a4는 현재 백 비숍이 점유하고 있는 지배적 위치를 유지하기 위한 역할을 합니다. 이는 ...Qc7에 의해 확인하게 될 것입니다. 둘째, 16 dxe5 Bxe5 17 Nxe5 Qxe5 18 Bxf7+로 위협하기 위해 룩들

중 하나를 d1에 두는 것입니다. 이것은 ...Bg4로 확인하게 될 것입니다. 그리고 셋째, h3는 ...Bg4를 예방하고, 룩들 중 하나를 d1에 보냄으로써 앞서 말한 바와 같이 흑이 b5를 두도록 강요하여 그의 퀸사이드 폰을 약화시킬 것입니다. 따라서 h3를 두면 백은 원하는 목표에 도달하게 됩니다. 하지만 15 d5는 백 비숍의 동작을 차단하고 흑의 전개를 촉진합니다. 그 후 백은 방어적 역할을 할 것이기에, 나머지 경기에서의 관심사는 주로 흑의 행마와 공격을 수행하는 방법에 초점을 맞출 것입니다.

15	...	Qc7
16	Bd3	

[이 백의 수는 흑 퀸사이드를 쉽게 전개할 수 있게 하기 때문에 잘못된 수인 듯합니다. 여기서 흑은 ...b6를 둘 수 없었는데, 왜냐하면 dxc6로 응수되고 Bd5가 이어질 수 있었기 때문입니다.]

16	...	b6
17	c4	Bb7
18	Rfc1	

[18 Rfc1은 Rab1과 c5를 염두에 둔 수입니다. 그러나 흑은 어떤 경우에도 c5로 비숍을 보내야 합니다.]

18	...	Be7
19	Rc2	Bc5
20	Qb2	f6

[아마도 곧이어 …f5를 둔다는 아이디어와 함께하는 20…Rfe8를 두는 게 더 나았을 것입니다.] 흑의 운영은 허약하고, 힘이 부족하며, 명확한 공격 계획이 없는 듯합니다. 이러한 포지션들이 게임에서 가장 다루기 어려운 포지션인 것은 사실입니다. 이런 경우 선수는 성공의 기회를 보장하는 대규모 계획을 구상해야 하며, 그것은 자신의 마음대로 실행할 수 있는 계획이어야 합니다. 포지션을 보아하니, 흑은 백의 중앙을 공격하기 위해 군대를 집결시키고, 킹에 대한 직접적인 공격이 뒤따라야 가장 좋은 기회를 잡을 수 있을 것으로 보입니다. 그러므로 그는 …Rae8를 두고 …f5로 위협해야 합니다. 백이 이 계획을 물리치려면, 또는 막으려면, 일단 킹사이드에서 백 기물들 중 일부를 고정시킨 후에, 재빨리 퀸사이드로 공격을 전환하고, 두 비숍의 막강한 힘을 빌려 유리하게 행동할 수 있는 룩을 위한 길을 열어야 합니다.

21	Rab1	Rad8
22	a4	Ba6
23	Rd1	

[백은 룩의 이동에 시간을 허비했습니다.]

23	...	Rfe8
24	Qb3	

[백은 Nh4와 Be2를 둔 후 퀸을 데려오려고 합니다.]

24	...	Rd6
25	Nh4	g6
26	Be2	

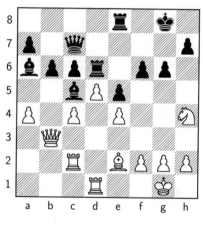

26	...	cxd5

[백이 비숍으로 g4 칸을 통해 e6까지 위협할 수 있는 만큼, 저는 여기서 교환이 필요하다고 생각했습니다. 만약 그가 c파일 폰으로 다시 d파일 폰을 잡는다면, 비숍과 비숍을 교환하고 두 개의 폰을 퀸사이드에서 하나로 연동하여 의지하고자 했습니다. 백이 자신의 킹사이드를 맹렬한 공격에 노출시키는 e파일 폰으

로 잡을 줄은 몰랐습니다.] 이 상황에서 흑의 판단은 잘못된 듯
합니다. 그의 예상대로 백이 c파일 폰을 움직여 d파일 폰을 잡
았다면, 백은 퀸사이드에서 잘 지원받는 통과한 폰을 가지게 되
기 때문에 흑으로선 최악의 폰 포지션이 되었을 것입니다. 흑의
최고의 장점은 불리한 자리에 있는 백 나이트에 비해 자리를 매
우 잘 잡은 비숍을 가지고 있다는 것이며, 위와 같은 포지션에서
비숍은 항상 나이트보다 강하다는 사실입니다. 그는 ...Bc8로
모든 것을 막을 수 있습니다. 이에 백이 Qg3로 응수하면 흑은
...cxd5를 둘 수 있고 ...Bxf2+로 교환에서 이기기 때문에 백은
c파일 폰을 재탈환할 수 없었을 것입니다.

| 27 | exd5 | e4 |
| 28 | g3 | e3 |

저는 흑의 ...e3가 마음에 들지 않습니다. d7, f7 또는 상황에
따라 다른 칸에 퀸을 둔 후에 때가 되면 ...g5와 ...f4가 뒤따르
도록 하는 ...f5를 두는 게 더 나았을 것입니다. 현재의 행마는
c5에 있는 자신의 강력한 비숍의 행동을 차단하고 백의 포지션
을 더 안전하게 만드는 경향이 있습니다. 이 움직임 자체는 매우
강력하고 공격적인 수이지만 고립되어 있어서 효과적인 지속이
불가능합니다. 이러한 전개는 기물들이 일치된 행동을 취할 수
있을 때에만 이루어져야 합니다.

| 29 | f4 | Bc8 |

30	Nf3	Bf5
31	Rb2	Re4
32	Kg2	Qc8
33	Ng1	g5

[만약 34 Bf3를 두면 34...gxf4 35 Bxe4 Bxe4+로 흑의 성공적인 공격이 이뤄집니다.]

34	fxg5	fxg5
35	Rf1	g4

35...Rh6가 대안이었습니다. 그 수라면 백이 할 수 있는 유일한 응수는 Kh1이 되었을 것입니다. 이제 포지션은 분명 흑이 이기고 있고, 단지 올바른 방향을 찾는 문제가 있을 뿐입니다. 이제 비판할 여지가 없는 양식을 갖추게 된 조지 토마스 경은 최후의 공격을 행하고 있습니다.

36	Bd3	Rf6
37	Ne2	Qf8

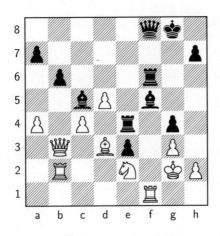

[백 룩에 대한 감춰진 공격masked attack을 통해 다시금 Bxe4를 방지합니다. 따라서 백은 룩을 보호해야 합니다.] 만약 **38 Nf4**면 **...e2! 39 Nxe2 Rxe2+ 40 Rxe2 Be4!! 41 Bxe4**(최선) **Rxf1**으로 백이 집니다. 그러나 만약 **38 Nf4**에 대응하여 흑이 **...Qh6**를 둔다면 백은 **39 Qc2**를 둘 것이며, **39...Qh3+!!!**로 시작되는 흑의 매우 아름답고 놀라운 승리가 가능한 포지션을 독자들에게 제시할 수 있는 걸 기쁘게 생각합니다. 이 변형에 대한 연구는 연구생에게 맡깁니다.

38	Rbb1	Qh6
39	Qc2	

[**39 Qc2**는 아직은 잡을 수 없는 흑 룩에게 이중으로 공격을 가하면서 h파일 폰을 방어할 준비입니다.] 백은 만약 룩이나 비숍이 잡힌다면 몇 번의 움직임으로 메이트될 것입니다.

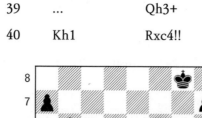

| 39 | ... | Qh3+ |
| 40 | Kh1 | Rxc4!! |

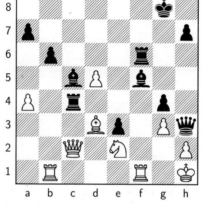

[만약 **40...Rh6**라면 **41 Ng1 Qxg3 42 Qg2**로 전개되었을 것입니다. 그러므로 흑은 퀸을 방어에서 벗어나게 하려고 합니다.] 흑의 **...Rxc4!!**는 아주 아름다운 동작이자 공격을 계속하는 최선의 방법입니다.

| 41 | Qxc4 |

[최선의 방어는 **41 Rxf5**였습니다. 하지만 그러면 흑은 퀸으로 룩과 나이트를 상대하게 됩니다.]

| 41 | ... | Bxd3 |

[다시 한 번 말하지만, **...Rh6**는 안 됩니다. **d6+** 때문입니다.]

42	Rxf6

[만약 42 Qxd3면 드디어 ...Rh6로 이길 수 있습니다.]

42	...	Bxc4
43	Nf4	e2!

[흑 퀸은 도망칠 수 없지만 백에게는 잡을 시간이 없습니다.]

44	Rg1	Qf1

백 기권

아주 좋은 마무리입니다.

5장
엔드게임 전략

우리는 이제 한 번 더 끝으로 돌아가야 합니다. 야노프스키와 함께한 저의 경기(예제 53)를 공부하는 데 어려움을 겪는 연구생에게는 그 중요성이 분명해질 것입니다. 루이 로페즈라는 특별한 것 없는 오프닝이 끝난 후, 상대는 갑자기 교환을 제안하면서 흥미로운 일들을 만들어 냈습니다. 물론, 저는 수락했습니다. 그리고 아주 힘들고 힘든 투쟁을 거듭해야 했습니다. 그 싸움에서 저는 적의 훌륭한 기술로 인해 가능한 매우 위험한 공격으로부터 자신을 방어해야 했습니다. 마침내 자산을 돌려받으며 대부분의 기물 포지션을 바꿀 수 있는 때가 왔고, 분명 제게 유리한 엔딩을 맞이하게 되었습니다. 하지만 엔딩 자체는 처음에 나타났던 것만큼 간단하지 않았고, 결국 제 포지션에서 한 번의 허술한 움직임으로 인해 승리를 찾는 게 매우 어려운 문제가 되었습니다. 제가 엔드게임에 약한 선수였다면 경기는 무승부로 끝났을 테고, 모든 노력은 헛수고로 돌아갔을 것입니다. 불행히도 대다수의 선수들에게는 그런 경우가 매우 많습니다. 그들은 엔드게임에 약합니다. 이는 1등급의 마스터들도 가끔 자유롭지 못한 실패입니다. 그런데 저는 지난 60년 동안 세계 챔피언들이 엔딩에 엄청나게 강했다는 사실에 대한 주의를 환기시키고자 합니다. 폴 모피Paul Morphy, 빌헬름 슈타이니츠Wilhelm Steinitz, 그리고 라스커 박사는 타이틀을 가지고 있는 동안 엔드게임에서 자신들을 넘어설 상급자가 없었습니다.

26. 다른 쪽에서 들어오는 기습 공격

저는 앞서 일반적인 이론에 대해 설명할 때, 승리하려면 종종 한쪽에서 먼저 공격하고, 그 다음에 강력한 기동성을 가진 기물들로 다른 쪽으로 공격을 빠르게 이동시켜, 상대가 공격을 견디기에 충분한 병력을 끌어내기 전에 돌파해야 한다고 말한 바 있습니다. 미들게임에 관한 이 원칙은 때때로 어느 정도 비슷한 방식으로 엔드게임에도 적용할 수 있습니다.

예제 56

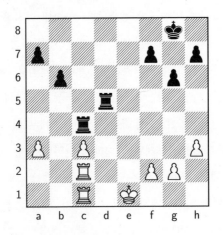

위 포지션에서 저는 흑 기물이었습니다.

1	...	Re4+
2	Re2	Ra4
3	Ra2	h5

조만간 보게 될 흑의 아이디어는 미래적인 관점에서 ...h4를 둬서 백의 킹사이드 폰들을 고정시키는 것입니다. 흑이 보기에 백은 자신의 킹을 b3로 데려와 고립된 두 개의 폰을 지원하여 룩을 해방시키고자 하는 의도가 분명합니다. 따라서 흑은 자신의 룩들의 기동성을 최대한 활용하기 위해 적절한 시기에 공세를 킹사이드로 이동시킬 계획을 세웁니다.

| 4 | Rd1 | Rda5 |

흑은 룩을 룩의 칸인 a파일로 몰아넣어 두 룩을 묶어 두려고 합니다.

5	Rda1	h4
6	Kd2	Kg7
7	Kc2	Rg5

흑이 킹사이드로 공세를 옮기기 시작합니다.

| 8 | Rg1 |

백은 금방 패배할 수도 있는 심각한 실수를 저질렀습니다. 그는 8...Raa5 9 f3로 이어지게끔 8 Kb3를 둬야 했습니다. 그러면 흑은 마지막에 승리를 안겨 줄 수도 있는 자신의 킹을 위해 g3의 빈 자리를 확보해야 했을지도 모릅니다.

| 8 | ... | Rf4 |

현재 백 킹은 ...Rb5+ 때문에 b3에 갈 수 없습니다.

| 9 | Kd3 | Rf3+ |
| 10 | Ke2 | |

만약 **10 gxf3 Rxg1**이면 ...Rh1을 차지하는 걸로 이어졌을 것입니다.

| 10 | ... | Rxh3 |

그리고 흑이 몇 수 뒤에 이겼습니다.

예제 57

엔딩에서 기물의 기동성이 좋으면 가능한 장점을 보여 주는 또 다른 좋은 예는 1913년 아바나 마스터스 토너먼트에서 맞붙은 카파블랑카-쿱칙Abraham Kupchik의 경기입니다. 경기의 전체 스코어와 노트는 토너먼트 북book of the tournament에서 확인할 수 있습니다.

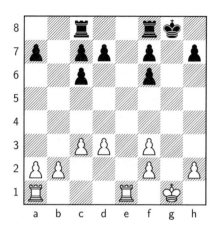

위 포지션에서 백의 최적의 장점은 오픈 파일(e파일)을 소유
하여 주도권을 잡을 수 있다는 것입니다. 흑은 고립된 a파일 폰
을 가지고 있는 반면, 그의 폰들은 퀸사이드에서 연합할 수 있다
는 약간의 이점이 있습니다. 앞의 엔드게임과 같이 여기서 적절
한 방안은 룩들을 앞으로 나오게 하여 그들 중 적어도 하나가 보
드의 한쪽에서 다른 쪽으로 움직일 수 있도록 함으로써 흑의 룩
들이 자유롭게 움직이지 못하도록 만드는 것입니다. 일반적인
이론에서 이것이 의미하는 바는 앞서 언급되어 있습니다. **적을
계속 괴롭히십시오. 그리고 내 폰을 방어하기 위해 상대가 메이
저 기물을 사용하게끔 강요하십시오. 만약 그가 약점을 갖고 있
으면 더욱 약하게 만들거나, 다른 곳에 약점이 만들어지게끔 하
면 그의 포지션은 조만간 무너질 것입니다. 만약 그가 약점을 갖
고 있되 그것을 없앨 수 있다면, 다른 곳에 또 다른 약점을 만들
어 내도록 하십시오.**

문제의 포지션에서 경기는 다음과 같이 계속되었습니다.

1	Re4	Rfe8

흑의 수는 백이 기동을 반복하여 오픈 파일을 제어하지 못하게 만드는 것을 목적으로 합니다.

2	Rae1	Re6
3	R1e3	Rce8
4	Kf1	Kf8

흑은 백이 공격하기로 결정한 지점에 접근하기 위해 킹을 보드 중앙으로 데려오기를 원합니다. 이러한 움직임은 엔딩에서는 킹이 보드 중앙에 자리해야 한다는 일반적인 원칙에 근거합니다. 그는 결국 백의 전철을 따를 뿐입니다. 게다가, 그보다 더 나은 방법을 꼽기도 어렵습니다. 만약 4...d5 5 Rg4+면 Ke2로 이어져 흑은 매우 까다로운 위치에 놓입니다. 만약 4...f5면 5 Rd4! Rxe3? 6 fxe3 Rxe3 7 Kf2 Re7 8 Ra4로 백이 a파일 폰을 차지하여, 사실상 백은 퀸사이드에 통과한 폰을 앞세우게 되고, 흑의 세 폰은 킹사이드에서 백의 두 폰에 붙들리게 됩니다.

5	Ke2	Ke7
6	Ra4	Ra8

연구생은 동일한 기동을 통해 여기서의 흑이 이전 엔딩과 유사한 포지션에 놓인 점에 주목해야 합니다.

7　　　　　　Ra5!

　　이 수에는 다양한 목적이 있습니다. 우선 유일하게 두 칸을 전진시킬 수 있는 d파일 폰을 제외한 사실상 흑의 모든 폰을 고정시키는 것입니다. 특히 흑 f파일 폰의 전진을 막는 동시에 백 f파일 폰의 f4, f5 진격을 위협합니다. 이 위협에 의해 결국 흑은 백이 바라는, 곧 분명해질 이유들이 담겨 있는 ...d5를 두도록 강요받게 됩니다.

　　　7　　　　...　　　　　　　d5
　　　8　　　c4!　　　　　　　Kd6

　　흑이 폰을 구할 수 있는 유일한 방법은 어쩔 수 없이 ...dxc4뿐이었는데, 그렇게 하면 흑 폰들은 모두 고립되고 허약해졌을 것입니다. 만약 8...d4를 두면 9 Re4 Kd6 10 b4! Re5 11 Ra6로 흑의 게임은 절망적이게 됩니다.

　　　9　　　c5+　　　　　　　Kd7
　　　10　　　d4　　　　　　　　f5

　　흑이 ...Rh6로 위협하는 것은 룩들의 교환을 강요하기 때문에 분명 매우 강력하지만, 실제로는 아무것도 이끌어 내지 못합니다. 가장 좋은 기회는 ...Rg8를 두는 것이었습니다.

11	Rxe6	fxe6
12	f4	

지금까지의 백은 교묘했지만 이번 행마는 약합니다. 13 Ra3 가 여기에 이을 수 있는 적절한 방법인데, 그럼으로써 흑이 a파 일 폰 혹은 c파일 폰을 포기하도록 강요할 수 있기 때문입니다.

12	...	Kc8
13	Kd2	

다시 한 번 잘못된 행마입니다. 13 Ra3가 적절한 연속수였습니다. 만약 흑이 13...Rb8를 둔다면 14 b3 Kb7 15 b4 Ka8 16 Rb3로 백의 승산이 매우 높아지며 개인적으로는 게임에서 승리한다고 믿습니다.

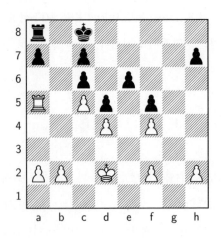

13	...	Kb7

흑은 유일한 기회를 놓칩니다. 13...Rb8면 비겼을 것입니다.

14	Ra3	Rg8
15	Rh3	Rg7
16	Ke2	Ka6
17	Rh6	Re7
18	Kd3	Kb7

흑은 e파일 폰을 지원하기 위해 킹을 돌려보내서 자신의 룩을 활용하고자 합니다. 하지만 소용없습니다. 백의 허술한 운영만 이 무승부 기회를 줄 것입니다.

19	h4	Kc8
20	Rh5	

백의 수는 흑 룩이 오픈 파일을 제어하지 못하게끔 하기 위한 수입니다.

20	...	Kd7
21	Rg5	Rf7
22	Kc3	Kc8

백이 킹으로 b4를 통해 a6까지 진군하겠다고 위협하는 상황 이기 때문에 흑은 킹을 계속 그 쪽에 세워 둬야 합니다.

23	Kb4	Rf6
24	Ka5	Kb7
25	a4	a6
26	h5	Rh6

흑은 백을 기다리는 것 외에는 아무것도 할 수 없습니다. 26...Rh6는 백의 이동을 비록 한 수 동안이지만 멈춰 세웁니다.

| 27 | b4 | Rf6 |

흑이 할 수 있는 다른 유일한 수는 27...Ka7이었습니다. 백은 28 Rg7, 심지어 b5도 둘 수 있는 상황입니다.

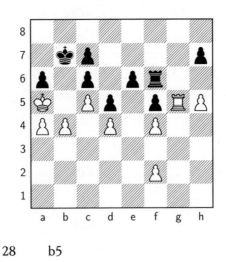

| 28 | b5 |

사실 이는 흑에게 분투할 기회를 주는 허술한 수입니다. 이런

엔딩에서 대부분의 선수들이 그렇듯이 백은 상황이 어렵고 세심한 조율이 필요할 때마다 최고의 수를 뒀지만, 긴장이 풀린 결과는 자랑스러울 게 없다는 사실을 그의 포지션이 압도적으로 보여 줍니다. 옳은 수는 28 Rg7이었습니다.

28	...	axb5
29	axb5	Rf8!
30	Rg7	Ra8+
31	Kb4	cxb5
32	Kxb5	Ra2
33	c6+	Kb8
34	Rxh7	Rb2+
35	Ka5	Ra2+
36	Kb4	Rxf2

흑은 자신의 마지막 기회, ...Rb2+를 놓쳤습니다. 그 수를 둬서 백 킹이 무한 체크를 막기 위해 c3로 가게끔 강요하면 아마도 무승부를 기록했을 것입니다. 그러나 독자는 제 상대가 당시 매우 어리고 경험이 없는 선수였으므로 그가 펼친 싸움에 대해 많은 공로를 인정받을 자격이 있음을 명심해 주길 바랍니다.

37	Re7	Rxf4

...Rb2+에 이어 ...Rh2를 두는 게 더 나은 기회를 제공했을

것입니다.

38	h6!	Rxd4+
39	Kb5	Rd1
40	h7	Rb1+
41	Kc5	Rc1+
42	Kd4	Rd1+
43	Ke5	Re1+
44	Kf6	Rh1
45	Re8+	Ka7
46	h8Q	Rxh8
47	Rxh8	Kb6
48	Kxe6	Kxc6
49	Kxf5	Kc5
50	Ke5	**기권**

이 엔딩은 허술한 수를 두는 것이 얼마나 쉬운지, 심지어 마스터들의 경기에서도 얼마나 자주 실수를 하고 기회를 놓치는지 보여 줍니다. 아무리 강한 선수라도, 아무리 포지션이 좋아도 자원의 큰 이점이 없는 한 단 한 번의 수에서조차도 긴장이 풀릴 여유를 부려선 안 된다는 의미입니다.

27. 안전한 포지션의 위험성

예제 58

앞의 진술에 대한 좋은 증거는 같은 토너먼트에서 마셜Frank James Marshall과 쿱칙이 가졌던 두 경기 중 하나의 엔딩에서 도 나옵니다(아바나, 1913년).

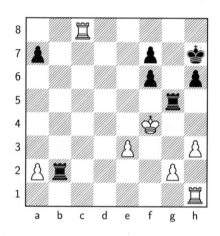

위 포지션에서 마셜(백)이 큰 어려움을 겪고 있는 상황임은 분명합니다. 폰을 잃게 될 예정일 뿐만 아니라 그의 포지션 자체가 다소 빈약합니다. 그가 바랄 수 있는 최선은 전혀 예상치 못한 일이 일어나지 않는 한 무승부였습니다. 그러므로 흑의 패배는 폰으로 더 잘할 수 있다고 확신하고 안전한 포지션에 있다고 생각하는 바람에 실제로 존재하는 위험에 대해 고려하지 않고 매우 부주의하게 대처한 것 외에는 그 이유를 말할 수가 없습니다. 어떻게 됐는지 봅시다.

1	g4	Rxa2

흑의 실수가 시작됩니다. 이게 첫 번째입니다. 그는 아무런 위험 없이 폰을 잡을 수 있다는 것을 알았기에, 더 나은 수가 있을지 생각하기 위해 멈추지 않았습니다. 1...Rf2+가 올바른 행마였습니다. 그렇게 하면 2 Kg3 Rxa2가 됩니다. 만약 대신에 백이 2 Ke4를 뒀다면 ...Re5+를 두고 이어서 ...Rxa2를 두면 됩니다.

2	Rd1	Ra4+

두 번째 실수, 이번에는 게임에서 거의 질 정도로 심각한 실수입니다. 백 폰을 깨부수고 동시에 실제적인 위험에 처한 흑 킹을 위한 공간을 마련하기 위해 2...f5를 두는 것이 적절한 조치였습니다.

3	Rd4	Raa5

세 번째 실수는 치명적입니다. 그의 최고의 행마는 3...Rga5였습니다. 이번 이동 후에는 방어를 할 수가 없어졌습니다. 흑은 게임에서 졌습니다. 이는 겉으로 보기에는 단순한 엔딩이라도 신중하게 경기해야 한다는 점을 보여 줍니다. 사실상 승리한 포지션이었지만 이제 흑은 자신이 패배한 게임을 하고 있음을 알게 되고, 단 세 번의 움직임만에 잡히게 되었습니다.

4	Rdd8	Rg7

만약 4...f5를 둔다면 5 Rh8+ Kg6 6 Rcg8+ Kf6 7 Rxh6+ Rg6 8 g5+ Ke7 9 Rhxg6 fxg6 10 Rg7+ Ke8 11 Rxg6, 그리고 백이 쉽게 승리합니다.

5	h4	h5
6	Rh8+	기권

기권하는 이유는 명백합니다. 6...Kg6를 둔다면 7 gxh5+ Rxh5 8 Rxh5 Kxh5 9 Rh8+ Kg6 10 h5#로 끝납니다.

28. 한 개의 룩-폰 엔딩

독자는 이때쯤 두 개의 룩-폰으로 하는 엔딩이 매우 어려움을 깨달았을 것이고, 한 개의 룩-폰의 엔딩에서도 마찬가지라는 걸 알게 되었을 것입니다. 두 개의 룩-폰 엔딩은 실제 게임에서는 흔치 않지만, 한 개의 룩-폰 엔딩은 체스보드에서 발생하는 가장 흔한 종류의 엔딩입니다. 그러나 이런 상황이 매우 자주 일어난다고 해도, 제대로 터득한 사람은 거의 없습니다. 그것들은 종종 매우 어려운 성질을 갖고 있고, 때때로 겉보기에는 아주 단순하지만 실제로는 무척 복잡합니다. 1909~1910년 맨해튼체스 클럽 챔피언십 토너먼트에서 있었던 마셜과 로젠탈Rosenthal 의 경기를 그 예로 들 수 있습니다.

예제 59

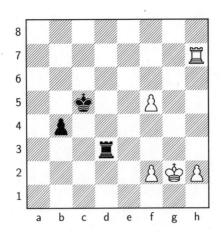

이 포지션에서 마셜은 Rc7+로 간단하게 이길 수 있었지만 f6

를 뒀고 흑에게 무승부를 거둘 기회를 주었습니다. 운이 좋게도 흑은 무승부를 만들 수를 보지 못했고, 형편없는 경기를 했으며, 패배했습니다. 흑이 ...Rd6를 둬서 상황을 파악했더라면 좋았을 것입니다.

| 1 | f6 | Rd6! |

이제 백에는 (a) f7 또는 (b) Rc7+의 두 연속수가 있습니다. 따라서,

(a)

| 2 | f7 | Rd8! |
| 3 | Rh5+ | Kc4 |

그리고 백은 결국 흑 폰을 잡기 위해 룩을 희생해야 할 것입니다. 아니면

(b)

| 2 | Rc7+ | Kd4! |
| 3 | f7 | Rg6+! |

여기서 흑의 수는 3...Rf6 4 Re7 후 백의 승리로 끝나는 것과는 대조적인 매우 중요한 움직임입니다.

4	Kf1	Rf6
5	Rb7	Kc3

그리고 백은 결국 폰을 위해 룩을 희생하거나 무한 체크로 무승부를 낼 것입니다.

이 엔딩에 더 이상 아무것도 없었다면 큰 가치는 없었겠지만, 다른 매우 흥미로운 특징들이 있습니다. 이제 **1 f6 Rd6 2 f7** 이후, 흑이 **2...Rd8**가 무승부를 낼 수 있는 유일한 수임을 인식하지 못했다고 가정합시다. 그러면 다음과 같은 포지션을 취하게 됩니다.

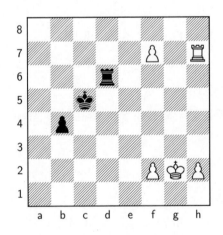

이제 (a) **...Rg6+** 또는 (b) **...Rf6** 중 하나를 시도할 수 있습니다. 검토해 봅시다.

(a)

1	...	Rg6+

2	Kf3	Rf6+
3	Ke3	Re6+

만약 3...b3를 두면 Rh5+로 백이 승리합니다. 왜냐하면 흑 킹이 뒤돌아 가면 Rh6를 두고, 올라가면 Rh4+에 이어 Rf4로 승리하기 때문입니다.

4	Kd3	Rf6

만약 4...Rd6면 5 Ke4로 백의 승리입니다.

5	Rh5+	K 이동
6	Rh6 승리	

(b)

1	...	Rf6
2	Rg7!	Kc4

만약 2...b3 3 Rg3면, 백 룩이 폰을 잡거나 f3로 가서 이기는 엔딩이 나올 것입니다.

3	h4	b3
4	Rg4+	K 이동
5	Rg3	

그리고 백은 상황에 따라 폰을 잡거나 **Rf3**를 두어 엔딩에서
승리합니다.

이제 예제 59의 시작 다이어그램으로 돌아가서, **1 f6 Rd6 2
Rc7+** 이후, 흑이 **2...Kd4**가 무승부를 낼 유일한 수임을 깨닫지
못한 결과 **2...Kb6**를 대신 뒀다고 가정해 봅시다.

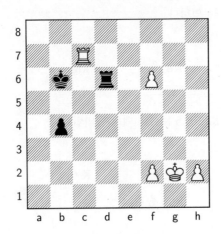

이제 최상의 연속수는 다음과 같습니다.

1	f7	Rg6+(최선)
2	Kf1	Rf6
3	Re7!	Kc5(최선)

백은 e6에서 룩으로 체크를 하겠다고 위협했습니다.

4	Ke2	b3

흑의 최선의 수입니다. 만약 4...Kc4를 뒀다면 백은 5 h4와 5 Ke3 어느 쪽을 두든 이길 수 있습니다. 특히 마지막으로 호명된 수가 쉽게 이길 것입니다.

5	Re3	b2(최선)
6	Rb3	Rxf7
7	Rxb2	Rh7
8	Rd2	Rxh2
9	Ke3	

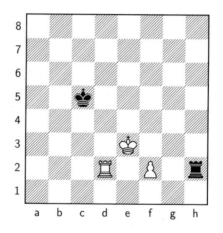

백이 이겼습니다. 상대편 킹과, 백 룩에 의해 차단되는 폰 사이에 두 개의 파일이 있기 때문입니다. 게다가 상대편 룩이 파일을 통해 체크를 걸기 전에 폰은 4랭크로 올라갈 수도 있습니다. 이 마지막 조건은 매우 중요한데, 만약 흑 룩이 현재 다이어그램에서의 위치 대신에 h8에 있고, 행마할 차례라면, 그는 지속적인 체크를 통해, 또는 적절한 때에 ...Rf8를 둠으로써 폰의 진격

을 막을 수 있기 때문입니다.

이 포지션에서 왜 승리하는지에 대해선 설명했으므로, 이제 올바른 해법을 도출하는 일은 연구생에게 맡깁니다.

겉보기에는 단순한 엔딩들 중에서 몇 가지 무척 특이하고 어려운 엔딩을 도출해냈다는 사실은 연구생들의 마음에 모든 종류의 엔딩, 특히 룩과 폰 엔딩에 대해 잘 알아야 한다는 필요성을 인식시키기에 충분할 것입니다.

29. 어려운 엔딩: 두 개의 룩-폰

오프닝뿐만 아니라 엔딩을 배울 수 있는 가장 좋은 방법은 마스터들의 게임에 대한 연구라는 생각에 따라, 두 개의 룩-폰의 엔딩을 두 가지 더 제공합니다. 이미 언급했듯이 이러한 엔딩은 그리 흔하지 않으며, 저는 운 좋게도 이러한 엔딩들을 일반적인 경우보다 더 많이 접할 수 있었습니다. 연구생은 이미 주어진 엔딩들(예제 56 및 57)을 다음 경기들과 주의 깊게 비교하고 연구함으로써, 그러한 경우에 따라야 할 적절한 방법에 대한 아이디어를 틀림없이 얻을 수 있을 것입니다. 절차는 모든 면에서 어느 정도는 유사합니다.

예제 60

1910년 뉴욕 주 챔피언십 토너먼트에서 카파블랑카-A. 크레임보그Alfred Kreymborg.

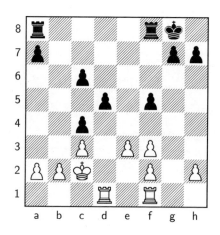

흑이 움직일 차례이며, 흑은 의심할 여지없이 무승부(흑이 둔 모든 수는 그걸 위해서였습니다)가 쉬우리라고 생각했고 기다리는 정책에 만족했습니다. 그러한 태도는 항상 비판받아야 합니다. 종종 재앙으로 이어지기 때문입니다. **되려 그러한 포지션을 방어하는 최선의 방법은 주도권을 잡고 상대방을 수세에 몰아넣는 것입니다.**

1   ...   Rae8

첫 번째 수부터 이미 틀렸습니다. 이 움직임으로 얻을 수 있는 것은 아무것도 없습니다. 백이 b3를 두지 않는 한 흑은 폰으로 ...a5를 둬야 하며, 이어서 ...a4를 둬야 합니다. 그렇게 하면 퀸사이드가 고정될 것입니다. 그 후 그는 궁지에 몰린 상대방의 룩을 억제시키기 위해 자신의 룩들과 어떤 작전을 펼칠 수 있을지 결정할 수 있었습니다.

2   Rd4

이는 흑이 의도한 ...f4를 막을 뿐만 아니라 폰 b3를 두겠다고 위협하며, ...cxb3+ 이후, 흑의 a파일 폰에 대응하여 한 개 또는 두 개의 룩으로 공격할 수 있게 해 줍니다.

2   ...   Rf6

흑은 아마도 ...Rg6와 ...Rg2로 킹사이드에서 시위를 벌일 생각입니다.

3	b3	cxb3+
4	axb3	Kf7
5	Kd3	

지금 백은 흑이 ...Re7으로 방어하게끔 만들기 위해 Ra1을 둬야 했습니다. 그러나 백은 자신의 계획을 감추고 싶습니다. 그래서 흑으로 하여금 흑의 포지션이 가진 위험성을 이 수를 통해 일깨워 줍니다. 그것은 흑 퀸사이드 폰들의 혼란을 겨냥한 것입니다.

5	...	Re7
6	Ra1	Ke6

6...Ke6는 실수입니다. 흑은 자신의 포지션이 얼마나 위험한지 모르고 있습니다. 그는 ...Rh6로 위협하는 ...g5를 둬야 했고, 백의 h파일 폰을 상대로 한 이 시위로 곧 백이 전개할 퀸사이드 폰에 대한 공격을 막아야 했습니다.

7	Ra6	Rc7

백이 8c4를 두면 적어도 폰을 차지할 것이기 때문에 흑은

7...Kd6를 둘 수 없었습니다. 이는 그 자체로 자신의 처지를 사실상 절망적이게 만든 지난 수인 6...Ke6를 비판하게 만듭니다.

8	Rda4	g5

흑의 지금 수는 강요이지만, 너무 늦었습니다. 흑은 8...Rff7을 둘 수 없는데, 왜냐하면 9 f4가 그의 게임을 완전히 마비시킬 것이기 때문입니다. 흑은 마침내 위험을 깨닫고, 일찌감치 시작해야 했던 킹사이드에서의 반격 작전을 통해 궁지에서 벗어나려고 합니다. 물론, 백은 백대로 흑이 폰을 유리하게 복구하는 ...Rxa7과 이어질 ...Rh6 때문에 Rxa7을 둘 수 없습니다.

9	h4!	g4

흑은 지금 매우 불쾌한 위치에 있습니다. 만약 9...gxh4를 둬서 10 Rxh4가 된다면 킹을 복귀시킬 수도 없고 룩으로 많은 일을 할 수도 없기 때문에 매우 난처한 상황에 놓이게 됩니다. 사실상 10...h6를 둬야 하는데 백은 11 b4로 답하면서 b5로 폰을 잡는다고 위협하거나, 충분치 않을 경우 c5나 e5에 킹이 입성하게끔 Kd4를 둘 수 있습니다.

10	Ke2	

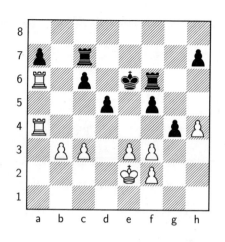

| 10 | ... | gxf3+ |

흑은 이번에는 ...h5를 둘 수 없습니다. 왜냐하면 백의 f4가
그를 마비 상태로 만들 것이기 때문입니다. 그리고 흑 h파일 폰
이 전개되면 백 h파일 폰은 안전해져서, 결과적으로 흑 킹스 룩
King's Rook은 a파일 폰 방어를 위해 f7으로 후퇴하게 됩니다.
그러면 흑 킹은 a파일 폰 때문에 d7에 갈 수 없게 되고, 폰들 중
하나를 진격시킬 수도 없게 됩니다. 다른 한편으로 백은 b4를
둬서 b5 점령을 위협하거나, 먼저 Kd4를 둬서 적절한 때에 더
나은 수가 없다면 b5를 점령합니다. 그 사이 흑은 자신의 룩들
중 하나와 시간을 보내는 일 외에는 아무것도 할 수 없습니다.
이 봉쇄 시스템은 예제 57 엔딩과 매우 유사합니다.

| 11 | Kxf3 | Rff7 |
| 12 | Ke2 | |

12 Ke2는 아마도 틀린 수입니다. 12 b4가 옳은 수였습니다. Ke2는 흑에게 무승부를 이룰 좋은 기회를 줍니다.

12	...	Kd6
13	b4	Rb7

여기서 흑의 ...Kd6 후에 백이 b5를 둘 수 있는 좋은 기회였던 12 b4는 없었습니다.

14	h5

좋지 않습니다. 백에게는 14 f4가 강제로 이길 최고의 기회를 제공했을 것입니다. 그 이후 14...Rg7 15 h5 Rg2+ 16 Kd3 Rh2 17 Rxa7 Rxa7 18 Rxa7 Rxh5 19 Ra6면 승리할 수 있는 기회가 옵니다.

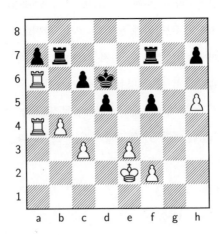

14	...	h6

흑이 마지막 기회를 놓쳤습니다. 14...f4는 무승부를 불러 왔을 것입니다. 그러면 15 exf4 Rbe7+! 16 Kf1 Rxf4 17 Rxa7 Re3!가 됩니다.

15	f4	Rg7
16	Kd3	Rge7
17	Ra1	Rg7
18	Kd4	Rg2
19	R6a2	Rbg7

흑은 19...Rgg7이 더 큰 저항을 제시했겠지만 어떻게 해도 포지션을 잃게 됩니다(그 이유를 알아내는 일은 연구생에게 맡기겠습니다).

20	Kd3!	Rxa2
21	Rxa2	Re7

흑에게는 아무것도 소용없을 것입니다. 만약 21...Rg1이었으면 22 Ra6! Rd1+ 23 Kc2 Rh1 24 b5 Rxh5 25 Rxc6+ Kd7 26 Ra6, 그리고 백이 쉽게 승리합니다.

22	Rg2	Re6

| 23 | Rg7 | Re7 |
| 24 | Rg8 | c5 |

흑은 절박합니다. 그는 더 이상 자신의 폰들을 방어할 수 없다
는 걸 압니다.

25	Rg6+	Re6
26	bxc5+	Kd7
27	Rg7+	Kc6
28	Rxa7	Kxc5
29	Rf7	기권

예제 61

1913년 뉴욕 내셔널 토너먼트 카파블랑카-야노프스키.

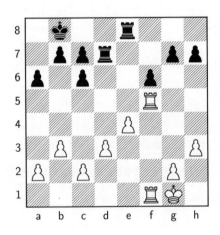

흑은 c파일에 더블 폰이라는 단점이 있는데, 설상가상으로

...b6를 두자마자 백이 b4로 응수할 것이기에 진격할 수 없다는 문제마저 있습니다. 백의 계획은 이런 현실에 기반합니다. 그는 흑 퀸사이드 폰들의 진격을 저지하고 자신의 킹을 e3로 보낼 것입니다. 그리고 때가 되면 d4를 두고, 마침내 e5 또는 g5를 둬서 폰을 강제로 교환하게 하여, e파일에서 깔끔하게 통과한 폰을 획득하게 됩니다. 이 계획은 경기가 진행되는 과정에서 이뤄졌고, 백은 그를 통해 우위를 점했다고 볼 수 있습니다. 경기 내내 백의 운영은 승리를 예상하게 해 준 e파일에서의 통과한 폰을 얻을 수 있는 가능성에 기초했습니다.

1	g4

백은 때가 되면 g5를 둘 준비를 이미 시작하고 있습니다.

1	...	b6

흑은 ...c5를 두고 싶어 하지만, 백이 당연히 막습니다.

2	b4!	Kb7

이 킹은 위험이 도사리고 있는 킹사이드로 가야 합니다.

3	Kf2	b5

흑은 ...Kb6와 ...a5, 이어서 ...axb4를 두는 것을 목표로 함으로써 룩을 위한 오픈 파일을 갖고자 합니다. 동시에 오른쪽에서의 백의 진격을 막기 위해 퀸사이드에 반대 시위counter-demonstration를 일으키려 합니다. 하지만 백은 이를 알고서 막습니다.

| | 4 | a4! | Rd4 |

...bxa4면 당연하게도 흑은 자신의 퀸사이드에 있는 모든 폰을 방해하고 고립시켰을 것이며, 백은 a파일에 룩을 둠으로써 잃어버린 폰을 쉽게 되찾을 수 있었을 것입니다.

| | 5 | Rb1 | Re5 |

흑은 여전히 ...c5를 두고 싶어 하지만, 백이 그것을 막으리라고 다시금 쉽게 예견할 수 있기 때문에, 이 움직임은 정말로 심각한 시간 손실이 무엇인지 보여 줍니다. 흑은 즉시 자신의 킹을 반대편으로 데려와야 합니다.

| | 6 | Ke3 | Rd7 |
| | 7 | a5 | |

백이 계획한 전략의 첫 부분이 이제 달성되었습니다. 퀸사이드의 흑 폰들은 모두 실질적인 목적을 위해 **고정되었습니다.**

| 7 | ... | Re6 |

만약 **7...Rxf5 8 gxf5**면 백에게 매우 강력한 중앙을 주었을 것입니다. 하지만 흑에게도 가장 좋은 기회였을 수 있습니다.

8	Rbf1	Rde7
9	g5	fxg5
10	Rxg5	

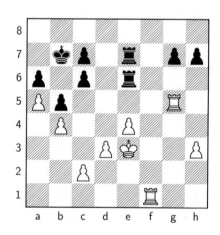

백이 계획한 전략의 두 번째 부분이 이제 완성되었습니다. 얻게 된 이점이 승리에 충분한지 알아내야 하는 일이 남았습니다. 백은 통과한 폰을 만들었을 뿐만 아니라, 그의 킹은 백 폰의 진격을 지원하거나, 필요하다면 c5로 가거나, 위험이 닥칠 경우 우익으로 이동할 준비가 된 중앙의 지휘자 위치에 있습니다. 게다가, 백은 룩들 중 하나가 오픈 파일을 가지고 있어 전체적으로 포지션이 우수하고 승리 확률이 매우 높습니다.

10	...	Rh6
11	Rg3	Rhe6

11...Rhe6는 백의 d4를 막기 위한 수입니다. 또한 흑은 나중에 활용하고 싶어질 수도 있는 자신의 룩을 킹사이드의 두 폰들 앞에 두길 꺼립니다.

12	h4	g6
13	Rg5	h6

백은 h5를 위협하여 흑이 결국 점령하게끔 강제할 것입니다. 그리고 고립된 폰에 대응하여 더블 룩Doubled Rook*으로 차지하거나 흑 룩들을 완전히 묶어버릴 것입니다. 이렇듯 텍스트 무브는 백에게만 도움이 됩니다. 그러므로 흑은 꽉 붙잡고 기다리는 것보다 할 수 있는 더 나은 일이 없습니다. 13...Re5는 큰 도움이 되지 않는데, 백이 간단하게 14 Rf8 Re8 15 Rxe5로 응수할 것이기 때문입니다. 그리고 흑이 어느 룩을 잡든 백은 쉬운 경기를 하게 될 것입니다(연구생은 이러한 변형을 주의 깊게 연구해야 합니다).

14	Rg4	Rg7
15	d4	Kc8

....

* 하나의 파일에 두 개의 룩이 늘어서는 상황이며 일반적으로 더블 폰과는 달리 좋은 포지션으로 평가된다.

16	Rf8+	Kb7

흑에게 16...Kd7은 큰 도움이 되지 않겠지만, 앞서 둔 수 때문에 지금은 일관성을 가지고 둬야 했습니다.

17	e5	g5
18	Ke4	Ree7
19	hxg5	hxg5
20	Rf5	Kc8
21	Rgxg5	Rh7
22	Rh5	Kd7
23	Rxh7	Rxh7
24	Rf8	Rh4+
25	Kd3	Rh3+
26	Kd2	c5
27	bxc5	Ra3
28	d5	기권

이러한 모든 엔딩들에서의 승리 전술은 상대의 룩을 하나 이상의 폰의 방어로 묶어 두고, 저의 룩은 자유롭게 행동할 수 있게 하는 데 있었습니다. 이것은 게임의 어느 부분에서나 동일하게 적용될 수 있는 일반적인 원칙입니다. 일반적으로 정리하면 다음과 같습니다.

상대를 방해하면서 기동의 자유를 유지하라.

한 가지 더 중요한 것이 있는데, 승리하는 쪽은 수단과 방법을
가리지 않고 실행할 수 있는 일반적인 전략 계획을 항상 가지고
있었던 반면, 패배하는 쪽은 계획이 전혀 없고, 단지 그 순간의
필요에 따라 움직인 경우가 많았다는 점입니다.

30. 룩-비숍-폰 대 룩-나이트-폰

이제 룩-나이트-폰에 대응하는 룩-비숍-폰 엔딩을 비교해서 살펴보도록 하겠습니다. 여기서 룩은 이미 연구한 엔딩들에서와 같은 방식으로 사용되는 경우가 있습니다.

예제 62

1907년 라스커-마셜 챔피언 결정전의 첫 번째 경기.

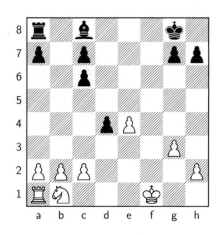

흑부터 움직이는 포지션입니다. 초보자에게는 이 포지션이 무승부처럼 보일 수 있습니다. 하지만, 숙달된 선수는 흑이 주도권을 가지고 있기 때문만이 아니라 백의 전개되지 않은 퀸사이드와 그러한 포지션에서는 비숍이 나이트보다 낮다는 사실 때문에 흑의 승리 가능성이 높다는 걸 즉시 깨달을 것입니다(14. **나이트와 비숍의 상대적 가치** 참조).

백이 자신의 룩과 나이트를 싸움에 끌어들이려면 시간이 좀 걸릴 테고, 흑은 이를 활용하여 우위를 점할 수 있습니다. 그에게는 두 가지 길이 열려 있습니다. 대부분의 선수들에게는 a6에서의 비숍 체크와, 흑 룩이 필요로 하는 이동과 결합할 수 있게 폰을 즉시 c5와 c4로 전개시키는 것이 가장 분명하고 확실한 방법입니다. 다른 하나는 흑이 이제부터 수행하는 교묘한 진로입니다. 이는 이전 엔딩들과 같은 방식으로서 자신의 룩을 활용하여 백이 항상 무언가를 방어하도록 강요하고, 백 나이트와 룩의 행동을 제한함과 동시에 자신의 룩과 비숍을 위한 행동의 자유를 지키는 것으로 구성되어 있습니다.

| 1 | ... | Rb8 |

이로 인해 백에게 b3가 강요되며 백 나이트를 위한 칸이 차단됩니다.

| 2 | b3 | Rb5 |

흑은 룩으로 백 킹사이드 폰을 공격하게 해서 백 킹이 그들을 방어하도록 강요하고, 흑 퀸사이드 폰들의 포지션을 간접적으로 더 안전하게 만들고자 합니다.

| 3 | c4 | Rh5 |
| 4 | Kg1 | c5 |

백 나이트의 활동 영역은 매우 제한적이며, Nd2 이후에는 백 자신의 폰이 그 길을 가로막게 된다는 점에 유의하십시오.

| 5 | Nd2 | Kf7 |
| 6 | Rf1+ | |

이 체크는 아무런 성과도 거두지 못합니다. 흑 킹을 그 자신이 원하던 곳으로 몰고 갈 뿐입니다. 결과적으로는 매우 나쁜 수입니다. 바로 6 a3를 두는 게 최선이었습니다.

| 6 | ... | Ke7 |
| 7 | a3 | Rh6 |

흑은 퀸사이드로 공격을 전환할 준비를 하고 있습니다. 퀸사이드는 물량 면에서나 포지션 면에서 그가 유리합니다.

| 8 | h4 | Ra6 |

이 룩의 기동은 이전 엔드게임들에서 볼 수 있는 기법과 얼마나 유사한지!

| 9 | Ra1 | Bg4 |

흑의 수는 백 나이트의 행동을 마비시키고 킹사이드 전체를

고정시킵니다.

| 10 | Kf2 | Ke6 |

백은 Nf3로 응할 수 없습니다. 흑이 ...Bxf3와 이어지는 ...Ke5로 폰을 획득하고 f6에서 룩으로 체크를 거는 걸 멈출 수 없게 되기 때문입니다.

11	a4	Ke5
12	Kg2	Rf6
13	Re1	d3
14	Rf1	Kd4

이제 흑 킹은 백 폰들을 공격할 것이며 곧 모든 게 끝납니다.

| 15 | Rxf6 | gxf6 |
| 16 | Kf2 | c6 |

이번 흑의 행마는 백의 이동을 고갈시키기 위해서입니다. 백은 결국 킹이나 나이트 중 하나를 움직일 수밖에 없습니다.

17	a5	a6
18	Nf1	Kxe4
19	Ke1	Be2

20	Nd2+	Ke3
21	Nb1	f5
22	Nd2	h5
23	Nb1	Kf3
24	Nc3	Kxg3
25	Na4	f4
26	Nxc5	f3
27	Ne4+	Kf4

이기는 가장 빠른 길로 왔습니다. 백은 기권해야 합니다.

28	Nd6	c5
29	b4	cxb4
30	c5	b3
31	Nc4	Kg3
32	Ne3	b2
	백 기권	

흑이 어떻게 엔딩을 지휘할 수 있는지에 대한 아주 좋은 예입니다.

6장
추가 오프닝과 미들게임

31. 폰에 관한 중요한 점

오프닝과 미들게임 포지션에 관한 논의로 돌아가기 전에, 특정한 움직임을 이해하는 데 의심의 여지없는 도움을 줄 폰 포지션에 관한 몇 가지 사실들을 유념하는 게 좋을 듯합니다. 그리고 이는 때때로 오프닝의 특정한 변형의 목적, 그리고 미들게임에서의 전술 일부를 이해하는 데도 도움이 될 것입니다.

예제 63

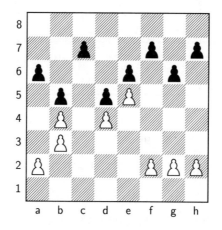

이 다이어그램에는 흑에게 매우 나쁜 폰 대형이 있습니다. 흑의 c파일 폰은 완전히 뒤처져 있고 백은 오픈 파일을 통해 그 약점에 대응하여 전력을 집중시킬 수 있습니다. 또한 c5 칸은 확립되어 몰아낼 수 없는 백 기물이 통제하고 있습니다. 흑이 이 문제를 해결하려면 교환을 해야 하는데, 교환은 항상 쉬운 문제가 아니며, 가능하다고 해도 불편한 경우가 많습니다. f6에 '구멍'이라고 불리는 것을 만드는 흑의 e파일 폰, f파일 폰, g파일 폰도 마찬가지입니다. 결론적으로 이러한 폰 대형은 항상 재앙을 초래하기 때문에 피해야만 합니다.

예제 64

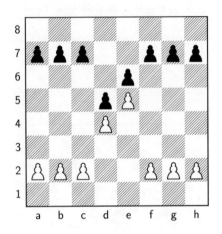

이 포지션에서는 중앙의 백 폰이 공격 포지션을 차지하고 중앙의 흑 폰은 방어 포지션을 차지한다고 할 수 있습니다. 프렌치 디펜스에서는 이런 폰 대형이 만들어지기 마련입니다. 이 상황에서 백은 일반적으로 f4, f5를 통해 킹사이드에 있는 흑 킹에 대한 파괴적인 공격을 매우 자주 시도하게 됩니다. 이를 방지하고 주도권을 잡거나 물질적 우위를 얻기 위해 흑은 ...c5에 이어 ...cxd4(백이 c3에 의해 폰을 방어할 때)를 통해 맞불을 놓으며, d4의 백 폰에 대항하여 흑 기물들을 집중시킵니다. 이것은 흑 킹을 향한 백의 직접 공격을 마비시키기 위해 백의 중심을 결연하게 공격하는 행위라고 말할 수 있습니다. 이 책의 시작 부분에서 **킹에 대한 공격이 성공하기 위해서는 중앙의 통제가 필수 조건이라고 말했던 것을 기억하십시오.**

추상적으로 말하자면, 두 개 이상의 폰은 같은 랭크에 있을 때 가장 강하다고 할 수 있습니다. 그러므로 중앙 폰들은 각각 e4와 d4에 위치했을 때 가장 강하므로, 어느 하나를 5랭크에 올려 놓을지 여부는 매우 신중히 고려해야 할 문제입니다. 폰의 진전에 따라 게임의 진로가 결정되는 경우는 많습니다.

고려해야 할 또 다른 사항은 하나 이상의 통과한 폰이 단독 또는 쌍으로 분리될 경우입니다. 우리는 통과한 폰이 매우 약하거나 매우 강하다고 말할 수 있습니다. 그리고 그 약점이나 강점은 고려되어야 할 경우들에 의해 게임이 진행되면서 증가합니다. 그리고 동시에 보드 위의 기물 수와 직접적인 관련이 있다고 말할 수 있습니다. 이 마지막 측면에서 봤을 때 **통과한 폰의 강점은 일반적으로 보드 위에 있는 기물 수가 감소함에 따라 증가한다고 말할 수 있습니다.**

이 모든 것을 염두에 두고 이제 오프닝과 미들게임으로 돌아가겠습니다. 우리는 게임을 처음부터 끝까지 일반적인 원칙에 따라 꼼꼼히 분석할 것입니다. 저는 가능하면 제가 치른 경기들을 예제로 사용하겠습니다. 그 경기들이 요점을 더 잘 설명해 주기 때문이 아니라 제가 그 내용을 확실하게 잘 알고 있기에, 다른 사람들의 경기보다 더 정확하게 설명할 수 있기 때문입니다.

32. 루이 로페즈에서의
어떤 전개 가능성

오프닝의 변형과 미들게임에서의 기동 일부는 종종 방금 설명한 기본 원칙에 기초합니다. 다음 사례에서 쉽게 알 수 있습니다.

예제 65

1	e4	e5
2	Nf3	Nc6
3	Bb5	a6
4	Ba4	Nf6
5	0-0	Nxe4
6	d4	b5
7	Bb3	d5
8	dxe5	Be6
9	c3	Be7
10	Re1	Nc5
11	Bc2	Bg4
12	Nbd2	0-0
13	Nb3	Ne6

지금까지 아주 잘 알려진 루이 로페즈의 변형입니다. 사실, 이

것은 1912년 파리에서 열린 야노프스키-라스커 경기에서의 행마입니다.

14   Qd3   g6

게임이 더 진행되었다고 가정해 봅시다. 백은 적절한 시기에 나이트들 중 하나를 d4에 둬서 두 나이트의 교체를 강요했고, 그 후 두 비숍이 교환되었고, 우리는 다음 다이어그램과 같은 포지션에 도달했습니다(저는 폴란드의 우치Lodz에서 이와 매우 비슷한 방식으로 이러한 포지션을 얻은 적이 있습니다. 살웨 Gersz Salwe가 지휘하는 컨설팅 팀에 맞서 백 기물을 다뤘던 경기였습니다).

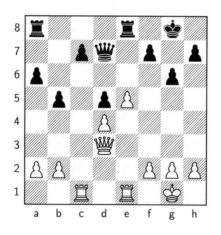

이제 우리는 결코 c5로 진출할 수 없는 뒤처진 c파일 폰의 사례를 볼 수 있을 것입니다. 흑의 포지션은 이론적으로 실패라고 할 수 있고, 실제로 1등급 마스터라면 반드시 흑에게서 승리할

것입니다(참고로 말씀드리자면 폴란드 경기에서는 제가 이겼습니다).

몇 번의 이동 후에 포지션은 다음과 같이 될 수 있습니다.

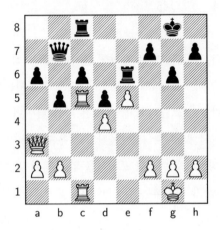

흑 기물들은 **고정되었다고** 할 수 있습니다. 백이 Qc3를 두는 경우, 흑은 Qd7으로 응답해야만 합니다. 그렇지 않으면 폰을 잃게 됩니다. 그리고 만약 백이 퀸을 a3로 돌려 놓는다면 흑은 퀸을 b7으로 다시 돌려 놓거나 폰을 잃어야 합니다. 따라서 흑은 백의 리드에 따라서만 움직일 수 있으며, 이러한 조건에서 백은 폰을 f4와 g4로 쉽게 전개시킬 수 있습니다. 흑이 ...f5를 둬서 멈추게 만들 때까지 말입니다. 그럼으로써 예제 66과 같은 포지션을 갖게 됩니다.

예제 66

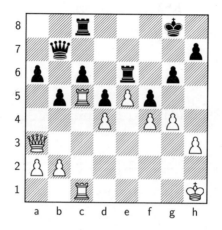

이 상황에서는 다음과 같이 진행될 수 있습니다.

1	gxf5	gxf5
2	Qf3	Qd7

백은 2 Qf3를 둬서 Qxd5로 폰을 잡겠다고 위협했는데, 흑은 2...Rf8로 응수할 수 없었습니다. 왜냐하면 그렇게 해도 3 Rxc6로 폰은 결국 잡히기 때문입니다.

3	R5c2	Rg6
4	Rg2	Kh8
5	Rcg1	Rcg8
6	Qh5	Rxg2
7	Rxg2	Rxg2

8	Kxg2	Qg7+
9	Kh2	Qg6
10	Qxg6	hxg6
11	b4	

그리고 백이 이깁니다.

이제 원래의 다이어그램에서 흑이 먼저 둘 차례라고 가정하고 ...Rf8를 뒀다고 칩시다. 백은 Qf3 같은 동작으로 간단히 f파일 폰을 방어하고, Rxc6를 위협한 다음, 그의 킹을 g3로 불러들입니다. 그리고 앞선 경우처럼 돌파를 할 때가 옵니다. 그러면 백은 다음과 같은 포지션을 얻을 수 있습니다.

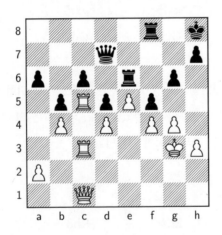

흑은 이제 ...Rc8를 두도록 강요되고 백은 Qc2를 둔 후 Kf3를 후속으로 진행할 수 있으며, 따라서 흑이 ...fxg4를 두게끔 강요할 수 있으므로 백이 더 큰 이점을 얻을 수 있습니다.

이 모든 포지션을 면밀히 검토해 보면 백의 기동의 자유가 주는 이점 외에도, e5에 있는 백 폰의 위력이 엄청나다는 걸 알 수 있습니다. 이 폰의 지휘 포지션과 일단 모든 기물들이 교환되면 자유롭게 진격할 수 있다는 사실이 백이 보유한 기동력의 중심입니다.

저는 연구생들이 (어떤 주어진 상황에서도) 발생하는 게 가능한 포지션을 스스로 쌓아 가는 데 익숙해질 수 있도록 일부러 구체적인 수가 제거된 포지션들을 제시했습니다. 그럼으로써 전략적인 계획을 세우는 법을 배우고 마스터급으로 갈 수 있을 것입니다. 연구생은 이런 종류의 연습을 거듭함으로써 엄청난 이익을 얻을 수 있습니다.

33. '구멍'의 영향력

게임에서의 소위 '구멍'의 영향력은 블랑코와 저의 경기(예제 52)에서 이미 잘 드러났는데, 백의 e5에 만들어진 구멍에 위치한 각기 다른 기물들에 의해 발휘된 영향력을 보여 주었습니다.

예제 67

이 점을 좀 더 설명하기 위해 1913년 아바나 인터내셔널 마스터스 토너먼트에서 있었던 경기를 소개합니다.

백: D. 야노프스키   흑: A. 쿱칙
오프닝: 퀸스 갬빗 거절

1	d4	d5
2	c4	e6
3	Nc3	Nf6
4	Bg5	Be7
5	e3	Nbd7
6	Bd3	dxc4
7	Bxc4	Nb6

흑의 수는 물론 d5에 나이트를 올려 전초기지를 삼는다는 아이디어지만, 다른 나이트도 여기에 올려질 수 있기 때문에 이 작전은 합리적이지 않아 보입니다. b6의 흑 나이트는 자신의 퀸스

비숍의 전개를 막는 일 외에는 쓸모가 없습니다. 일반적으로는 ...0-0에 이어 ...c5를 두는 경로가 더 합리적입니다. 이 변형에서 백을 어떻게 운영하는지에 대한 아름다운 예시는 1914년 상트페테르부르크 토너먼트에서 있었던 야노프스키-루빈스타인 Akiba Rubinstein 경기를 참조하십시오.

8	Bd3	

8 Bb3가 이 포지션에서 유리한 지점이 있는데, 가장 중요한 것은 8...Nfd5 9 Bxe7 Qxe7 이후에 e파일 폰을 바로 진격시킬 수 있는 것입니다.

8	...	Nfd5
9	Bxe7	Qxe7
10	Nf3	

백 비숍이 b3에 있었다면 여기서 앞서 말한 것처럼 e4를 둘 수 있었지만, 지금 포지션에서는 할 수 없는 수입니다. 왜냐하면 ...Nf4의 위협이 g파일 폰이 아니라 ...Nxd3+로 이뤄질 가능성 때문에 그렇습니다. 백에게 있어 킹스 비숍King's Bishop은 이 오프닝에서 절대 교환되어서는 안 되기 때문에 그는 e4를 둘 수 없습니다.

10	...	0-0

11	0-0	Bd7
12	Rc1	

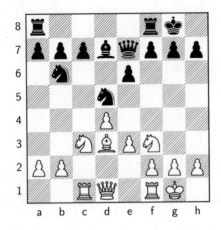

백은 완벽하게 전개되었으며 이제 다음과 같이 위협을 가하면 폰을 획득할 수 있습니다. **13 Nxd5 Nxd5 14 e4**에 이어서 **Rxc7**.

12	...	c6

흑이 사실상 폰을 잃지 않기 위해 이러한 조치를 취할 수밖에 없는 현실 자체만으로도 흑의 전개 시스템 전체를 비판할 충분한 이유가 됩니다. 결과적으로 그는 ...Bd7을 둔 뒤지만, 이제 폰에 지나지 않는 상태가 된 자신의 비숍의 동작을 잠시 중단시켜야 합니다. 사실, 이 비숍이 어떻게 무엇이라도 공격할 수 있을지는 도무지 알 수 없습니다. 게다가 백은 곧 e5와 c5에 각각 나이트를 배치할 예정이고, 흑으로선 심각하게 손해를 보지 않

고는 그들을 제거할 수 없다는 걸 쉽게 알 수 있습니다. 이 모든 이유들로 인해 흑이 ...Nxc3를 둬서 두 개의 백 나이트 중 하나를 제거한 뒤 방어 포지션을 펼쳤더라면 좋았겠다는 생각이 듭니다. 그렇게 하여 보드 위의 기물 수가 적을수록 탈출할 수 있는 가능성은 높아집니다.

13	Ne4	f5

...f5는 사실상 자해와 같습니다. e5에 백 나이트를 위한 구멍을 만들기 때문입니다. 제거는 현실적으로 불가능할 것입니다. 흑이 이 행동에 의도가 있다면 그 전에 해야 했습니다. 그랬다면 적어도 백 나이트의 c5 도달을 막는 목적은 가능했을 듯합니다.

14	Nc5	Be8
15	Ne5	

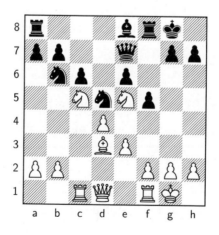

백 나이트들의 포지션, 특히 e5의 포지션은 이상적이라고 할 수 있는데, 이들이 어떻게 포지션을 장악하고 있는지는 한눈에 알 수 있습니다. 앞으로의 문제는 '이처럼 흑보다 유리한 상황에서 어떻게 해야 완전한 이득을 얻을 수 있을까'입니다. 곧 알게 될 것입니다.

| 15 | ... | Rb8 |

...Nd7이 뒤따르지 않는 한 흑의 이 이동에는 목적이 없습니다. 쓸만한 수가 아닌 만큼, 나중에 그랬듯이 c8에 룩을 뒀을 수도 있겠습니다.

16	Re1	Rf6
17	Qf3	Rh6
18	Qg3	Rc8

흑의 18...Rc8는 백이 Nf7 또는 Ng4 중 한 수를 둠으로써 교환에서 이기겠다고 위협했기 때문입니다.

19	f3	Rc7
20	a3	Kh8
21	h3	

백의 이 모든 예방책은 어쩌면 불필요할 수도 있습니다. 하지

만 백은 공격을 준비할 시간이 충분하다고 여기며, 시작하기 전에 모든 면에서 안전해지길 원합니다.

21	...	g5
22	e4	f4
23	Qf2	Ne3

흑은 차라리 ...Nf6를 뒀다면 좋았을 듯합니다. 그렇다면 나중에 ...Nd7을 통해 백 나이트들을 제거하려는 시도가 가능했었습니다.

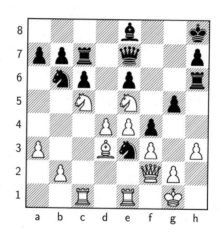

24	Rxe3

백은 룩의 희생으로 나이트와 폰이 압도적으로 유리한 포지션을 차지하게 됩니다.

24	...	fxe3
25	Qxe3	Nc8

흑이 두 개의 백 나이트들 중 하나를 제거하려면 25...Nd7이 더 나았습니다. 그러나 그 수에 대해선 다음과 같은 좋은 대응이 있습니다. 26 Ncxd7 Bxd7 27 Qxg5 Qxg5 28 Nf7+ Kg7 29 Nxg5가 되면 백은 교환을 위한 두 개의 폰을 가지고 있고 매우 유리한 포지션에 있기 때문에, 승리는 어렵지 않았을 것입니다.

26	Ng4	Rg6
27	e5	Rg7
28	Bc4	Bf7

이 모든 움직임은 사실상 강요되었으며, 흑의 포지션을 점점 더 묶고 있음을 어렵지 않게 확인할 수 있습니다. 백의 24수부터의 기동은 매우 유익합니다.

29	Nf6	Nb6

흑의 이 떠돌이 나이트는 경기 내내 아무 일도 하지 않았습니다.

30	Nce4	h6
31	h4	Nd5

| 32 | Qd2 | Rg6 |
| 33 | hxg5 | Qf8 |

만약 **33...hxg5 34 Kf2**로 진행되면 흑은 무력해질 것입니다.

34	f4	Ne7
35	g4	hxg5
36	fxg5	**기권**

흑은 할 수 있는 게 아무것도 없습니다. 만약 **36...Bg8**면 **37 Qh2+ Kg7 38 Bxe6**가 됩니다.

연구생은 경기 내내 백이 어두운색 칸들, 주로 e5와 c5를 지배하고 있었음을 주목해야 합니다.

지금부터 책의 마지막까지는 앞에 나온 일반적인 원칙들의 실제적인 예가 되는 제 경기 목록을 보여 줄 것입니다.

PART 02
이론의 실제
Illustrative Games

*다음부터 나오는 각 넘버링에서의 명칭은 해당 경기에서 쓰인 체스 오프닝 혹은 오프닝 변형의 명칭임

1. 퀸스 갬빗 거절 *Queen's Gambit Declined*

(마셜과의 대국Match, 1909년)

백: F. J. 마셜   흑: J. R. 카파블랑카

1	d4	d5
2	c4	e6
3	Nc3	Nf6
4	Bg5	Be7
5	e3	Ne4

저는 이전 경기에서 퀸스 갬빗 거절로 두 번이나 좋은 결과를 냈고, 비록 이 경기에서는 졌지만 전술이 바뀌기 전 가장 최근의 마지막 경기까지 구사했습니다. 그 이유는 1907년에 라스커 박사가 마셜을 상대로 이를 사용하여 성공했다는 사실과 함께, 이 오프닝의 다른 변형들에 대한 지식이 매우 부족했기 때문입니다. 라스커 박사가 이걸로 자주 경기를 했으니 좋을 듯했습니다. 이 변형의 목표는 기물 두 개의 교환과 동시에 엔드게임에 이르면 성공 가능성을 약속하고, 또 그게 가능하게끔 확신하게 해 주는 포지션을 이끌어 내는 것입니다. 그런데 일반적인 원칙 관점에서 보면 잘못된 부분이 있는데, 비록 두 개의 기물을 교환하지만 같은 나이트가 오프닝에서 세 번 이동하기 때문입니다. 퀸스 갬빗의 거의 모든 변형이 마찬가지지만, 실제로 이 변형의 어려움은 흑 퀸 비숍의 느린 전개에 있습니다. 이 변형을 안전하게

운영할 수 있을지 여부는 아직 미지수이며, 이 책의 범위 밖입니다. 현재의 저는 다른 전개 시스템을 선호하는 편이라는 말을 덧붙일 수밖에 없지만, 언젠가 이 변형으로 되돌아올 가능성 또한 낮아 보이지 않는군요.

6	Bxe7	Qxe7
7	Bd3	

7 cxd5야말로 우리가 곧 보게 될 이유들로 인해 선호되어야 마땅합니다.

7	...	Nxc3
8	bxc3	Nd7

흑으로선 8...dxc4가 게임을 전개시키는 더 좋은 방법이 될 것입니다. 8...dxc4 9 Bxc4 b6 이후에는 ...Bb7이 흑 비숍에게 강력한 범위를 갖게 해 주기 때문입니다. 이 변형은 『나의 체스 이력서』에 실린 시합의 열한 번째 경기를 참조하십시오.

9	Nf3	0-0

이제 흑에게 9...dxc4 10 Bxc4 b6는 좋지 않습니다. 왜냐하면 백이 12 Ne5를 두기 위해 11 Bb5를 둬서 11...Bb7을 막을 것이기 때문입니다.

10	cxd5	exd5
11	Qb3	Nf6
12	a4	c5

흑의 마지막 수는 퀸사이드에서 다수의 폰을 손에 넣기 위한 의도로 행해졌습니다. 하지만 자신의 퀸사이드 폰들이 방해하고 있기 때문에 이 조치가 좋은지는 의문입니다. 더 안전한 길은 ...c6였습니다.

13	Qa3	b6

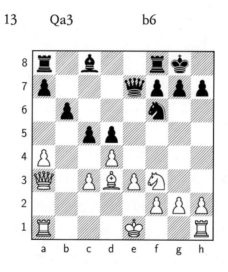

이로 인해 흑은 아무런 보상 없이 백의 a5에 의한 추가 공격에 노출됩니다. 요즘의 제가 이 포지션을 해야 한다면 간단히 13...Re8를 뒀을 겁니다. 그러면 14 Qxc5 후에 14...Qxc5로 이어지고 흑은 폰을 보상받으리라 믿습니다. 만약 그 대신에 백이 14 dxc5를 뒀다면 14...Bg4가 흑에게 훌륭한 게임을 선사

했을 것입니다.

14	a5	Bb7
15	0-0	Qc7
16	Rfb1	Nd7

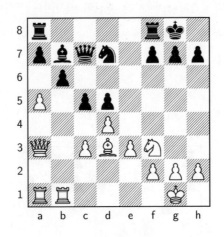

흑은 포지션을 잡는 게 나빴으며 아마 어떤 수를 두든 불리해졌겠지만, ...Nd7은 상황을 더 악화시킵니다. 사실 저는 이어지는 백이 두게 될 응수로서의 **Bf5** 같은 수를 본 적이 없었습니다. 이게 위협이 될 줄은 꿈에도 몰랐습니다. 흑이 해야 할 최선의 행마는 16...Rfb8였습니다. 만약 그게 실패한다면 다른 어떤 수도 실패할 것입니다.

17	Bf5	Rfc8

나쁜 수에 나쁜 수를 뒀습니다. 17...Nf6가 유일한 희망이었

습니다.

18	Bxd7	Qxd7
19	a6	Bc6
20	dxc5	bxc5
21	Qxc5	Rab8

흑이 졌습니다. 한 수가 다른 수 못지않게 좋았습니다.

22	Rxb8	Rxb8
23	Ne5	Qf5
24	f4	Rb6
25	Qxb6	기권
	1-0	

25 Nxc6 Rb1+였다면 당연히 무승부가 나왔을 것입니다. 텍스트 무브가 특히 신속하게 끝냈습니다. 마셜이 잘한 경기입니다.

2. 퀸스 갬빗 거절 *Queen's Gambit Declined*

(산세바스티안San Sebastian, 1911년)

백: A. K. 루빈스타인　　**흑: J. R. 카파블랑카**

1	d4	d5
2	Nf3	c5
3	c4	e6
4	cxd5	exd5
5	Nc3	Nc6
6	g3	Be6

6...Nf6가 이 변형에서의 정석적인 이동입니다. 백의 전개는 카를 슐레히터Carl Schlechter에 의해 처음 소개되었고 나중에 루빈스타인에 의해 정밀해졌습니다. 그것은 백 기물들은 점차 집중되는 반면, 흑 d파일 폰은 고립시키는 상황을 목표로 합니다. 그런데 이 텍스트 무브가 만들어질 때, 저는 정석적인 방법을 피하려고 했습니다. 그러나 이는 전개 중인 움직임이고 일반 원칙에 비추어서 이의를 걸 부분은 없습니다. 비숍에 앞서 나이트들이 나와야 한다는 원칙을 제외하면요.

7	Bg2	Be7
8	0-0	Rc8

8...Rc8는 이 변형의 정석적인 방향을 바꾸려는 아이디어를 추구하는 수였습니다. 그러나 매우 낮은 성공률을 가집니다. 흑 킹의 나이트가 아직 전개되지 않았기 때문에 이론적으로 이 움직임은 좋지 않을 것입니다. 저는 백의 **Ng5**에 기반한 공격과 e6에서의 비숍 교환에 대해 아직 알지 못했습니다. ...**Nf6**나 ...**h6**가 옳았습니다. **Bg5**나 **Ng5**를 막기 위해서 말입니다.

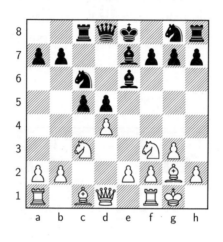

9	dxc5	Bxc5
10	Ng5	Nf6
11	Nxe6	fxe6
12	Bh3	Qe7
13	Bg5	0-0

이 캐슬링은 실수입니다. 흑으로선 h3에 있는 백 비숍의 대각선에서 룩을 떼어 내고 동시에 d파일 폰을 지원하기 위해 13...Rd8를 둬야 했습니다. 어쨌든, 그것은 백이 흑의 취약한

오프닝이 주는 이점을 제대로 활용하지 못했다는 사실도 함께 보여 줍니다. 텍스트 무브에 맞서 백은 멋진 콤비네이션을 만들지만, 저는 이길 수 있다고 생각했습니다.

14	Bxf6	Qxf6

처음에는 **14...gxf6**를 둬야겠다고 생각했습니다. 그것이 장악 가능한 상황을 만들 듯했습니다. 하지만 백의 콤비네이션이 좋지 않아 보였고, 그래서 내버려 두었습니다. 그것은 제게 영원한 후회로 남을 일이 되었습니다.

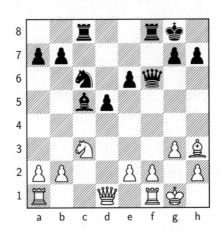

15	Nxd5!	Qh6

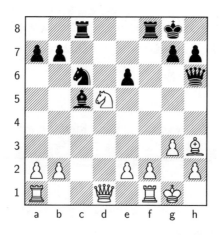

16   Kg2!

이것은 제가 고려하지 못한 수입니다. 저는 루빈스타인이 16 Bg2를 둬야 한다고 생각했습니다. 16 Bg2 Ne5! 17 Nf4(만약 17 Rc1이라면 ...Qxc1!! 18 Qxc1 Bxf2+ 흑의 승리) ...Ng4 18 h3(만약 18 Nh3라면 ...Bxf2+ 교환을 통한 승리) ...Nxf2 19 Rxf2 Bxf2+ 20 Kxf2 g5로 흑이 이기는 승리 콤비네이션을 머릿속에 떠올렸을 때 말입니다. 백이 이 콤비네이션을 간과했다는 것이 신기했습니다. 따라서 저는 백의 17수인 Qc1을 보지 못하게 될 수밖에 없었습니다.

16 ...   Rcd8

백의 마지막 수 이후 저는 어쩔 수 없이 굴복할 수밖에 없었습니다.

17	Qc1!	exd5
18	Qxc5	Qd2
19	Qb5	Nd4
20	Qd3	Qxd3
21	exd3	Rfe8
22	Bg4	

이건 흑에게 기회를 주는 수였습니다. 백은 22 Rfe1을 둬야 했습니다. 만약 그랬다면 22...Nc2 23 Rxe8+ Rxe8 24 Rc1 Re2 25 Kf1 Nd4(만약 25...Rd2면 26 Be6+ Kf8 27 Bxd5로 백의 승리) 26 Rc8+ Kf7 27 Rc7+ Re7 28 Rc5로 백이 승리합니다.

22	...	Rd6
23	Rfe1	Rxe1
24	Rxe1	Rb6
25	Re5	Rxb2
26	Rxd5	Nc6
27	Be6+	Kf8
28	Rf5+	Ke8
29	Bf7+	Kd7
30	Bc4	

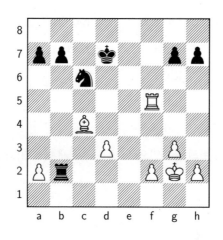

| 30 | ... | a6 |

이는 악수이며, 흑은 무승부를 만들 정당한 기회를 놓쳤습니다. 아주 중요한 수를 잃게 만듭니다. 사실 경기가 진행되면서 보여 줬듯이, 이미 몇 번의 수를 잃어 버린 상황입니다. 제대로 된 방법은 **30...Kd6**를 두는 것이었습니다. 거기서 만약 **31 Rb5 Rxb5 32 Bxb5 Nd4**를 두고 ...b5로 이어졌으면, 백은 백킹의 불편한 위치와 퀸사이드에 추가된 폰과 결합된 d4 흑 나이트의 지배적인 포지션 때문에 무승부로 가는 매우 어려운 경기를 치렀을 것입니다.

31	Rf7+	Kd6
32	Rxg7	b5
33	Bg8	a5
34	Rxh7	a4

35	h4	b4
36	Rh6+	Kc5
37	Rh5+	Kb6
38	Bd5	

마지막 세 번의 움직임으로, 백은 흑에게 다시 기회를 줍니다. 마지막 수로 Bc4를 뒀으면 비교적 쉽게 승리했겠지만, Bd5는 완전히 치명적인 실수입니다. 그에게 다행스럽게도 흑은 그 실수를 이용하지 않습니다.

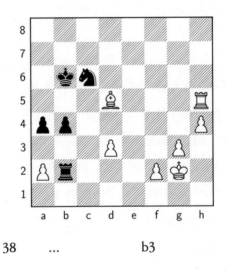

| 38 | ... | b3 |

백이 전적으로 이길 수 있었다고 해도, 38...Rxa2는 실질적으로는 이길 수 없게 만들었을 것입니다. 그렇게 했을 때 백의 최고의 연속수는 39 Bc4 Rc2 40 Rb5+ Kc7 41 Bg8 a3 42 h5 a2 43 Bxa2 Rxa2인데, 이는 44 h6 Ra6!로 대응되며 흑에

게는 무승부를 낼 수 있는 좋은 기회가 주어지기에, 승리할 방법
을 찾기가 매우 어렵습니다.

| 39 | axb3 | a3 |
| 40 | Bxc6 | Rxb3 |

만약 40...a2를 뒀다면 **41 Rb5+ Ka6 42 Rb8.**

41	Bd5	a2
42	Rh6+	**기권**
	1-0	

엔드게임 부분은 두 마스터의 이름값에 비하면 그다지 볼 게
없는 전시회였습니다. 이 게임을 구원하는 연구할 만한 장점은
루빈스타인이 **14 Bxf6**로 시작하는 미들게임에서의 정교한 콤
비네이션입니다.

3. 이레귤러 디펜스 *Irregular Defence*

(아바나, 1913년)

백: D. 야노프스키   흑: J. R. 카파블랑카

1	d4	Nf6
2	Nf3	d6
3	Bg5	Nbd7
4	e3	e5
5	Nc3	c6
6	Bd3	Be7
7	Qe2	Qa5
8	0-0	Nf8
9	Rfd1	Bg4

드디어 흑은 완전한 전개를 성취하게 해 줄 길을 가는 중입니다. 이러한 불규칙한 오프닝의 아이디어는 주로 백을 자신의 자원으로 만들고자 하는 의도에서 비롯됩니다. 경기가 시작되었을 때, 이 방어 시스템은 d파일 폰Queen's Pawn 오프닝들의 정석적인 형태만큼 잘 알려진 게 아니었습니다. 이것이 제대로 된 오프닝인지 여부는 아직 입증되지 않았습니다. 다만 장점이라면 특별한 약점을 만들지 않고 중심을 유지하며, 깊이 은닉된 묘책을 만들 기회를 많이 준다는 점입니다. 단점은 흑이 게임을 전개하는 데 시간이 오래 걸리는 문제가 있습니다. 그러므로 백으로

선 잘 설계된 공격을 준비하기 위해 흑이 소모하는 시간을 활용하거나, 흑의 완전한 전개를 막거나, 확실한 물질적 이점을 얻기 위해 자신의 전개상의 이점을 활용하리라고 가정하는 것이 당연합니다.

10	h3	Bh5
11	dxe5	dxe5
12	Ne4	

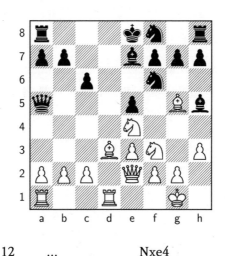

| 12 | ... | Nxe4 |

아주 심각한 실수입니다. 저는 처음에는 캐슬링을 고려했는데, 그게 합리적인 행마였습니다. 하지만 **13 Bxf6 gxf6 14 Ng3 Bg6 15 Nf5**로 백이 엔드게임에서 승리 포지션을 차지하게끔 진행되는 게 두려웠기 때문에 캐슬링을 거부했습니다. 이 판단이 옳은지 그른지 간에, 이 상황은 게임의 모든 부분이 얼마

나 밀접하게 연관되어 있는지, 그리고 결과적으로 어떻게 다른 요소에 영향을 미치는지를 보여 줍니다.

13	Bxe7	Kxe7
14	Bxe4	Bg6

좋지 않습니다. 흑의 자연스럽고 적절한 동작은 모든 기물들을 게임에 참여시키는 ...Ne6였을 것입니다. 14...Bxf3도 e파일 폰에 대한 압력을 완화시키는 동시에 게임을 간소화할 수 있기에 즉각적으로 좋은 수였습니다.

여기서 어떤 포지션을 결정하는 기본적인 논리적 이유들을 준수하지 못하면 얼마나 자주 곤경에 빠지는지를 확인할 수 있습니다. 저는 Bf5에 대한 두려움으로 인해 행마 선택에 영향을 받았음이 틀림없습니다. 그것은 매우 위협적인 행마가 될 가능성이 있었습니다.

15	Qc4	Ne6
16	b4	Qc7
17	Bxg6	hxg6
18	Qe4	Kf6

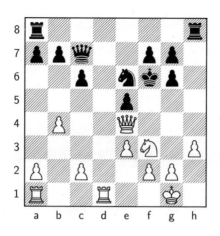

| 19 | Rd3 |

백으로선 19 h4에 이은 g5가 공격을 계속하는 보다 강력한 방법이었을 것입니다. 흑의 약점은 의심할 여지없이 e5 폰인데, 흑은 그걸 킹으로 방어해야 합니다. 백의 텍스트 무브는 더블 룩이 목적이며, 궁극적인 목표는 d6에 그들 중 하나를 배치하는 것입니다. 이는 c5 폰에 의해 지원되며, 흑은 d5에 '구멍'을 만드는 ...c5를 둬야 이를 막을 수 있습니다. 또는 ...b6를 둬서 이미 퀸으로 e파일 폰을 방어하고 있는 상황에 c파일 폰의 방어를 결합시켜야 합니다. 그런데 흑은 백의 계획을 파괴하는 룩들의 교환을 통해 이 모든 것을 충족시킬 수 있습니다. 이러한 이유로 19 h4는 공격을 계속할 수 있는 적절한 방법으로 보입니다.

| 19 | ... | Rad8 |
| 20 | Rad1 | g5 |

흑의 행마는 포지션을 안전하게 만들 ...g6를 준비합니다. 그러나 불행하게도 그는 원래의 계획을 실행하지 않았습니다.

21	c4	Rxd3

21...g6는 흑을 완전히 안전하게 만들었을 것입니다.

22	Rxd3	Rd8

흑이 폰을 잃는 아주 심각한 실수입니다. 22...g6가 옳은 수였고, 우세한 게임을 만들었을 것입니다. 실제로 단순한 엔딩이 된다면, 흑 킹의 포지션은 유리해질 것입니다.

23	Rxd8	Nxd8

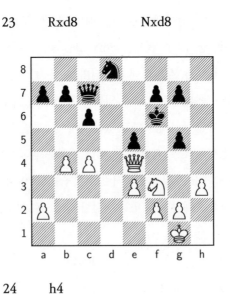

24	h4

곧 폰의 승리를 보게 될 것입니다. 흑은 24...Ne6로 응수할
수가 없는데, 25 hxg5+ Nxg5 26 Qh4로 나이트가 잡히기 때
문입니다.

24	...	gxh4
25	Qxh4+	Ke6
26	Qg4+	Kf6
27	Qg5+	Ke6
28	Qxg7	Qd6
29	c5	Qd5
30	e4!	Qd1+
31	Kh2	f6
32	Qg4+!	Ke7
33	Nxe5	Qxg4
34	Nxg4	Ne6
35	e5	fxe5
36	Nxe5	Nd4

게임은 몇 번의 행마로 더 진행되었고, 통과한 두 백 폰의 전
진을 막을 방법이 없는 흑은 기권했습니다.

4. 프렌치 디펜스 *French Defence*

(상트페테르부르크, 1913년)

백: J. R. 카파블랑카 　　　흑: E. A. 스노스코보롭스키

1	d4	e6
2	e4	d5
3	Nc3	Nf6
4	Bg5	Bb4

이 프렌치 디펜스는 **맥커천 변형**McCutcheon Variation(1 e4 e6 2 d4 d5 3 Nc3 Nf6 4 Bg5 Bb4)으로 구성됩니다. 백으로부터 주도권을 빼앗는 게 목표입니다. 흑은 방어 대신 퀸사이드에서 맞대응함으로써 매우 흥미로운 게임으로 이어집니다.

5	exd5	

이 경기가 진행되던 당시에는 변형인 5 e5가 유행했지만, 저는 그때도 지금처럼 exd5가 더 강하다고 생각했습니다.

5	...	Qxd5

이 수는 5...exd5보다 우수하다고 간주됩니다. 제가 말했듯이, 흑은 백의 퀸사이드를 붕괴시켜서 백으로부터의 주도권 탈

취를 목적으로 합니다. 그러나 백은 흑의 킹사이드를 해체하여 그에 대한 충분한 보상을 받으려 합니다. 여기서 **퀸사이드에서의 폰 브레이크**Pawn Break*보다 킹사이드 폰 브레이크가 더 **중요하다**는 것을 오프닝의 원칙으로 규정할 수 있습니다.

6	Bxf6	Bxc3+
7	bxc3	gxf6
8	Nf3	b6

이 변형에서 흑의 계획은 자신의 비숍을 긴 대각선에 전초기지화하여, 나중에 오픈 g파일에서의 룩들의 행동과 연계하여 백 킹을 공격할 수 있도록 만드는 것입니다. 물론, 백은 킹사이드에서 캐슬링을 하리라 예상됩니다. 그의 퀸사이드 폰 대형의 부서진 상태 때문입니다.

9	Qd2	Bb7
10	Be2	Nd7
11	c4	Qf5
12	0-0-0	

필라델피아의 월터 펜 시플리Walter Penn Shipley 씨와의 경기에서 처음으로 이와 비슷한 포지션을 접했다고 생각됩니다. 흑은 비숍이 없고 기물들이 킹사이드를 공격할 목적으로 전개되

---

* 길을 열거나 상대 포지션을 허물기 위해 폰으로 공격하는 것.

었기 때문에 흑이 백 킹의 곁으로 보이는 무방비한 상태를 이용하는 것은 불가능해 보입니다. 두 가지 가능성을 고려해야 합니다. 첫째, 흑은 이 경기처럼 캐슬링이 퀸사이드에서 실행되면 공격을 받을 위험이 없어지는 것이 명백합니다. 둘째, 흑 캐슬링이 킹사이드에서 실행되면 백은 먼저 흑 퀸의 어색한 위치를 이용하여 공격을 시작합니다. 백은 퀸사이드 캐슬링에 담긴 공격적 가능성 외에도 킹을 안전하게 보호하며 룩 중 하나를 참전시킵니다. 따라서 그는 소위 템피tempi*라 불리는 몇 가지 수들을 얻게 되는데, 이것은 그가 발전시키고자 하는 어떤 계획의 전개에도 도움이 될 것입니다.

12	...	0-0-0
13	Qe3	Rhg8
14	g3	Qa5

흑이 백의 훌륭한 응수를 무시한 실수를 저질렀지만, 면밀하게 조사하면 의심할 여지없이 백이 이미 더 나은 포지션을 차지하고 있었음을 알 수 있습니다.

15	Rd3!	Kb8
16	Rhd1	Qf5

---

* 체스에서 시간-수적인 단위인 템포tempo의 복수를 가리키는 용어이며 본문에서는 상대보다 경제적이고 효율적인 수들을 확보했다는 의미.

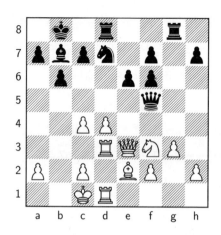

17   Nh4

이 행마는 몇 수 동안 나이트를 움직이지 못하게 만들기 때문에 비판을 받아 왔습니다. 하지만 …Qg5를 강요함으로써 백은 f4라는 매우 중요한 수를 얻는데, 이는 그의 포지션을 공고히 할 뿐만 아니라 흑 퀸을 몰아내어 당분간 게임에서 제외시킵니다. 퀸이 나이트보다 훨씬 더 가치있는 게 확실한 만큼, 백은 나이트보다 더 중요한 기물들을 위한 시간과 그에 따른 행동의 자유를 얻었음은 말할 것도 없습니다.

17	...	Qg5
18	f4	Qg7
19	Bf3	

이런 포지션이라면 일반적으로 백은 자신의 기물들로 구멍을

형성할 수 있는 a6와 c6를 통제하는 흑 비숍을 제거하는 게 매우 유리합니다. 그런 포지션에 있는 비숍은 방어 가치가 매우 높기 때문에 없애야 마땅한 장점이 있습니다.

19	...	Rge8
20	Bxb7	Kxb7
21	c5!	c6

백이 c6+를 위협했습니다.

| 22 | Nf3 | Qf8 |

흑은 백 나이트가 d2에서 e4 또는 c4를 거쳐 d6로 이동하는 일을 방지합니다. 백이 포지션에 큰 이점을 가지고 있는 것은 자명합니다.

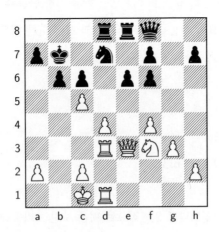

23	Nd2?

저는 옳은 행마인 **23 Rb3**를 고려했지만, 너무 느려 보여서 포기했고, 이런 포지션에서는 더 빠르게 승리할 수 있는 길이 있어야만 한다고 생각했습니다.

23	...	bxc5
24	Nc4	

24 Ne4 또는 **Nb3**는 백에게 유리한 엔딩을 가져왔을 것입니다.

24	...	Nb6
25	Na5+	Ka8
26	dxc5	Nd5
27	Qd4	Rc8

27...Rb8면 **28 Nxc6 Rbc8 29 Nxa7**으로 백이 승리합니다.

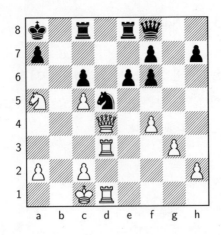

28   c4

28 Nc4가 옳은 선택이었습니다. 하지만 저는 여전히 '화려한 콤비네이션'을 찾고 있었고, 나중에 d6에 위치할 폰으로 승리하리라 생각했습니다. 흑은 이 극도로 어려운 방어를 수행한 방식에 대해 크게 인정받을 자격이 있습니다. 그는 몇 번이고 쉬이 틀릴 수 있었지만, 22수부터는 계속 최선의 수를 보여 줬습니다.

28	...	e5!
29	Qg1	e4
30	cxd5	exd3
31	d6	Re2
32	d7	Rc2+
33	Kb1	Rb8+

| 34 | Nb3 | Qe7 |

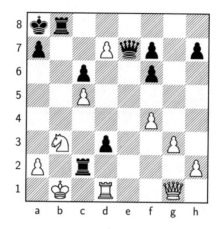

| 35 | Rxd3 |

포지션이 매우 흥미롭습니다. 저는 여기서 제가 이길 수 있는 마지막 기회를 잃었다고 생각합니다. 만약 그게 사실이면, 그것은 제가 28수에서 c4를 둔 제 판단을 정당화시킬 것입니다. 연구생은 백이 **35 Qd4!**를 두면 어떤 일이 일어날지 알 수 있어야 합니다. 다음 변형을 살펴보겠습니다.

35 Qd4 Rxh2(물론 만약 35...Rxc5 36 d8Q로 백 승리) **36 Qxd3! Rd8 37 Qa6 Kb8**(최선. 만약 37...Qe4+면 38 Ka1 Kb8 39 Rb1 백 승리) **38 Qxc6**로 백은 최소한 무승부를 기록하게 됩니다.

| 35 | ... | Re2 |
| 36 | Qd4 | Rd8 |

37	Qa4	Qe4
38	Qa6	Kb8

백은 ...Qh1# 때문에 Nd4를 둘 수 없기에 ...Kb8라는 단순
한 수에 대해 할 수 있는 게 아무것도 없습니다.

39	Kc1	Rxd7
40	Nd4	Re1+
	백 기권	0-1

아주 흥미로운 전투입니다.

5. 루이 로페즈 *Ruy Lopez*

(상트페테르부르크, 1914년)

백: E. 라스커   흑: J. R. 카파블랑카

1	e4	e5
2	Nf3	Nc6
3	Bb5	a6
4	Bxc6	

퀸 없이 신속하게 미들게임을 치르는 것이 이 행마의 목표입니다. 백은 킹사이드의 폰 네 개가 세 개로 줄지만, 폰 진영에서의 흑의 우세는 흑의 퀸사이드에 더블 폰이 하나 만들어진다는 점에서 어느 정도 균형을 이루게 됩니다. 그리고 흑은 두 개의 비숍과 함께라는 이점이 있는 반면 백은 한 개뿐입니다.

4	...	dxc6
5	d4	exd4
6	Qxd4	Qxd4
7	Nxd4	Bd6

흑의 의도는 킹사이드 캐슬링입니다. 킹이 나중에 백 폰들의 진격에 맞서려면 허약한 사이드에 있어야 하기 때문입니다. 이론적으로 이 추론을 지지하는 의견이 매우 많지만, 실제로 그것

이 최선의 시스템인지 아닌지는 증명하기가 다소 어려울 것입니다. 연구생은 만약 지금 당장 모든 기물이 교환된다면 백은 사실상 폰에서 우세해질 것이고, 따라서 엔딩에서 승리하리라는 사실을 알아야 합니다.

8	Nc3	Ne7

흑의 완벽한 형태의 전개입니다. 채택할 수 있는 다른 어떤 형태에서도 흑 나이트는 이보다 빠르게, 또는 그 비슷하게라도 전개될 수 없었습니다. 흑 나이트의 e7행은 자신의 폰을 방해하지 않기 위해, 그리고 어떤 경우에는 g6로 가기 위해서 이 변형에서 할 수 있는 자연스러운 포지션입니다. 또한 흑 나이트는 폰의 ...c5 후에 c6를 거쳐 d4로 갈 수도 있습니다.

9	0-0	0-0
10	f4	

저는 **10 f4**가 약하다고 여겼고 지금도 그렇습니다. 이는 백 폰이 e5 칸으로 진출하지 않는 한 e파일 폰이 약해지게 하며 흑으로 하여금 ...Bc5로 나이트에 대한 핀이 가능하게 만듭니다.

10	...	Re8

최선입니다. **11...Bc5 12 Be3 Nd5**로 위협합니다. 또한 11

Be3를 두는 걸 막는 역할도 하는데 11...Nd5나 Nf5로 응수할
수 있기 때문입니다.

	11	Nb3	f6

...b6가 준비되었고, ...c5와 ...Ng6에 연계된 ...Bb7이 이어
지면 백은 두 중앙 폰에 대한 콤비네이션 공격을 감당해야 하는
큰 어려움에 처하게 될 것입니다.

	12	f5	

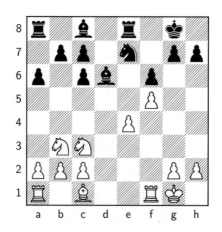

저는 이 수가 경기를 승리로 이끈다고 잘못 주장해 왔습니다.
하지만 그래도 이런 포지션을 다시 갖는 것보다 더 좋은 것 또한
없습니다. 흑이 끝내 실패한 포지션을 갖기 위해서는 제 쪽에서
저지른 몇 번의 실수가 필요했습니다.

12	...	b6
13	Bf4	

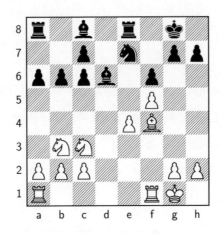

13	...	Bb7

이 수는 제 판단력에 반하는 결정이었습니다. 물론 올바른 수로는 ...Bxf4를 둬야 했습니다. 그러면 라스커 박사는 다음과 같은 변형을 둔다고 합니다. 13...Bxf4 14 Rxf4 c5 15 Rd1 Bb7 16 Rf2 Rad8 17 Rxd8 Rxd8 18 Rd2 Rxd2 19 Nxd2, 그리고 그는 백이 최선의 수를 가지게 된다고 주장합니다. 그러나 님조위치가 경기 직후 지적했듯이, 라스커 박사의 변형에서 16...Rad8는 최선이 아닙니다. 만약 16...Rac8!라면 백은 게임이 무승부가 될 큰 어려움에 처했을 것입니다. 그러면 흑이 ...Nc6를 두고 ...Ne5로 이어 ...Nc4로 위협하는 걸 멈출 방법이 없었기 때문입니다. 그리고 백이 b3의 나이트를 철수시켜서 이 기동과 만나게 한다면 흑 나이트는 d4로 가서 e4의 백 폰이

공격 목표로 삼을 것입니다. 그리고 라스커 박사의 변형을 진행했을 때, 흑이 19...Nc6를 두면 백으로선 어떤 이점이든 단숨에 사라집니다. ...Nb4와, 또한 ...Nd4로 위협받게 되며 둘 다 막을 수 없기 때문입니다. 만약 그에 대해 20 Nd5로 응수하면 흑은 ...Nd4로 답하여 최소한 무승부를 낼 수 있게 됩니다. 사실 19...Nc6 이후에 흑은 너무 많은 것들을 위협할 수 있어서 백으로선 어떻게 해야 폰 하나 이상의 손실을 막을 수 있는지 알아내기 어렵습니다.

14	Bxd6	cxd6
15	Nd4	

제가 13...Bb7을 둘 때 이 수를 보지 못했다는 게 신기하지만 사실입니다. 만약 알아봤다면 올바른 수인 13...Bxf4를 뒀을 것입니다.

15	...	Rad8

이 수를 통해 흑은 백 나이트의 진입에 대응하여 나중에 ...c5, 이어서 ...d5를 둘 수 있기에 아직까지 패배와는 거리가 멉니다.

16	Ne6	Rd7
17	Rad1	

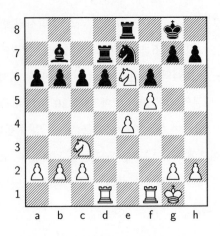

저는 무승부를 내고자 이제 ...d5로 잇기 위한 ...c5를 두려고 하는 찰나, 텍스트 무브에서 곧 보여 주게 될 것처럼 갑자기 17...Nc8를 둬야겠다는 야심이 생겼습니다. 나중에 e6에서 나이트 교환 희생을 하여 폰을 잡고 백의 e파일 폰을 더 약화시키고자 하는 의도였습니다. 저는 ...g5를 두기 전이나 후에 상황이 허락하는 대로 이 계획을 실행하려고 했습니다.

그럼 17...c5를 뒀을 때를 분석해 봅시다. 만약 **18 Nd5 Bxd5 19 exd5 b5**가 되면 흑에게 두려울 게 없음을 세심한 분석을 통해 알 수 있을 것입니다. 이 경우 흑의 계획은 나이트를 c8를 거쳐 b6, 그리고 c4나 d7을 통해 e5에 위치시키는 것입니다. 다시 17...c5를 봅시다. **18 Rf2 d5 19 exd5 Bxd5 20 Nxd5**(최선입니다. 20 Rfd2를 둔다면 Bxe6으로 흑이 이득이기 때문입니다) **...Rxd5 21 Rxd5 Nxd5**, 이러면 흑이 질 이유가 없습니다.

244

17	...	Nc8
18	Rf2	b5
19	Rfd2	Rde7
20	b4	Kf7
21	a3	Ba8

저는 한 번 더 계획을 바꿨는데 이번에는 합당한 이유가 없습니다. 만약 제가 지금 21...Rxe6 22 fxe6+ Rxe6를 뒀다면 제 나이트가 의도대로 c8에 갔을 때처럼, 백이 경기에서 이길 수 있었을지 매우 의심스럽습니다. 적어도 무척 어려운 일이었을 겁니다.

22	Kf2	Ra7
23	g4	h6
24	Rd3	a5
25	h4	axb4
26	axb4	Rae7

당연하게도 흑의 수들은 이제 아무런 목적도 없습니다. 흑은 나쁜 운영으로, 그저 움직이기 위해 허우적거립니다. 차라리 ...Ra3를 둬서 오픈 파일 유지와 함께 b6와 c4에 나이트가 나올 수도 있다고 위협하는 편이 더 나았을 것입니다.

27	Kf3	Rg8

28	Kf4	g6

또 나쁜 수입니다. 백의 마지막 두 동작은 약했습니다. 백 킹은 거기서 아무것도 하지 않으니까요. 그는 27수에서 g3로 자신의 룩을 내보냈어야 했습니다. 흑은 지금 ...g5+를 둬야 했습니다. 흑이 기회를 놓치자 백은 자신만의 방식으로 게임을 매우 정확하게 마무리하고, 흑은 한 동작 한 동작 할 때마다 더 무력해집니다. 경기 내내 제 수들의 결단력이 전혀 없었다는 사실을 제외하면 더 이상 코멘트가 필요 없습니다. 계획이 세워지면, 가능하다면 반드시 실행되어야 합니다. 백의 운영에 대해서는 10수와 12수가 매우 약했다고 생각합니다. 27수에 도달하기까지는 잘했는데, 27수는 28수만큼 좋지 않았습니다. 나머지 수는 좋았고, 아마도 완벽했습니다.

29	Rg3	g5+
30	Kf3	Nb6
31	hxg5	hxg5
32	Rh3	Rd7
33	Kg3!	Ke8
34	Rdh1	Bb7
35	e5	dxe5
36	Ne4	Nd5
37	N6c5	Bc8
38	Nxd7	Bxd7

39	Rh7	Rf8
40	Ra1	Kd8
41	Ra8+	Bc8
42	Nc5	기권
	1-0	

6. 프렌치 디펜스 *French Defence*

(라이스Rice 메모리얼 토너먼트, 1916년)

백: O. 차제스Chajes 　　　흑: J. R. 카파블랑카

1	e4	e6
2	d4	d5
3	Nc3	Nf6
4	Bg5	Bb4

저는 프렌치 디펜스의 모든 변형들 중에서 이게 가장 좋습니다. 왜냐하면 흑이 주도권을 잡을 수 있는 기회를 더 주기 때문입니다.

5	e5	

저는 5 exd5가 최선의 조치라고 생각하지만, 이 백의 수에 대해서는 많은 지지가 있습니다. 백이 이 게임에서 채택한 전체적인 변형에 대해선 아니지만요.

5	...	h6
6	Bd2	Bxc3
7	bxc3	Ne4
8	Qg4	Kf8

대안인 **8...g6**는 흑 킹을 매우 허약하게 만듭니다. 그러면 백은 h4를 둠으로써 흑이 ...h5를 두도록 강요하고, 후에 백 비숍이 d3에 가게 하여 허약해진 흑 g파일 폰을 위협할 겁니다. 반면 텍스트 무브에 의해 흑은 캐슬링을 포기하지만 백의 중앙과 퀸사이드를 공격할 시간을 벌게 됩니다.

9	Bc1	c5

...c5는 ...Qa5로 위협하고 그를 통해 백의 **Ba3** 위협을 차단하는 수입니다. 이는 백의 마지막 행마가 시간을 완전히 낭비했고 포지션을 약화시켰음을 보여 줍니다.

10	Bd3	Qa5
11	Ne2	cxd4
12	0-0	dxc3
13	Bxe4	dxe4
14	Qxe4	Nc6

흑은 폰으로 오프닝에서 좋은 모습을 보였습니다. 그러나 그의 전개는 다소 고난을 겪었고, 아직까지는 승리했다고 말할 수 없습니다. 하지만 그는 확실히 최선의 포지션을 가지고 있습니다. 왜냐하면 그는 폰에게 기대를 가질 만한 위치를 잡은 것 외에도, 백 입장에서는 당연히 방어되어야 할 백의 e파일 폰을 위협하기 때문입니다. 그리고 이것은 흑 나이트에게 e7을 거쳐

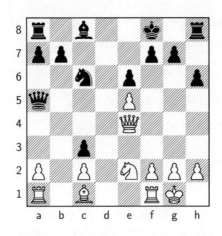

d5에 자리잡게 해 줄 기회를 제공할 것입니다. 흑 나이트가 d5
에 전초기지를 마련하면 흑 비숍은 기회를 잡는 대로 d7을 거쳐
c6로 전개할 것입니다. 그럼으로써 흑은 주도권을 갖게 되며,
결과적으로 게임의 진로를 결정할 수 있게 됩니다.

15   Rd1

이는 백으로 하여금 Nxc3로 응수하거나 그보다 더 나은 Ba3
로 응수하게 만드는 ...Ne7을 방지합니다. 그러나 이 움직임은
전략적으로 잘못되었습니다. 자신의 기물을 퀸사이드로 불러들
임으로써, 흑이 철저히 대비하기 전에 킹사이드에서 단호한 공
격을 가할 기회를 잃게 되기 때문입니다.

15   ...   g6

16	f4	Kg7
17	Be3	

백이 Ba3를 두려면 17 a4가 더 나았을 것입니다. 백 비숍은 순전히 방어적으로만 행동하는 이 자리보다 열린 대각선에 위치하는 게 훨씬 낫습니다.

17	...	Ne7
18	Bf2	Nd5

이로써 흑 나이트는 모든 상황을 지배하게 되기 때문에 상대의 공격을 완전히 마비시킵니다. 그걸 제거할 방법은 없습니다. 그 뒤에서 흑은 조용히 자신의 기물들을 전개할 수 있습니다. 지금 게임은 전략적으로는 흑이 우세하다고 말할 수 있습니다.

19	Rd3	Bd7
20	Nd4	Rac8
21	Rg3	Kh7
22	h4	Rhg8
23	h5	Qb4

흑 퀸은 나이트에 핀을 걸고 e7이나 f8로 복귀하고자 합니다. 또한 Rb1을 방지합니다. 사실 백의 공격은 의미가 없기에 이 모든 예방 조치는 불필요합니다. 아마도 흑은 모든 고려 사항들을

제쳐 두고, 나중에 우호적이지 않은 상황이 되었을 때 그랬듯이
...f5를 두기 위해 지금 ...Qa4를 둬야 했습니다.

| 24 | Rh3 |

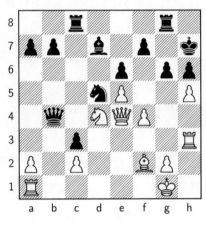

| 24 | ... | f5 |

백이 곧 증명하겠지만 이는 최선의 수가 아닙니다. **24...Qf8**
라면 모든 문제들을 피할 수 있었지만, 흑은 단숨에 주도권을 잡
고 싶어 했고 그 덕에 복잡한 상황에 빠집니다. 그러나 곧 알게
되겠지만, 이 움직임은 결코 손해만은 아닙니다.

| 25 | exf6 | Nxf6 |
| 26 | hxg6+ | Rxg6 |

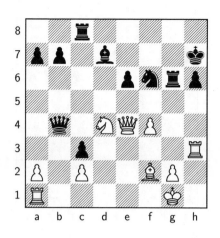

27		Rxh6+

백은 이 수로 흑 퀸을 잡습니다.

27	...	Kxh6
28	Nf5+	exf5
29	Qxb4	

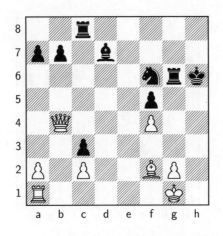

포지션이 매우 흥미로워 보입니다. 저는 백 킹을 상대로 더이상 버틸 수 없을 공격을 할 수 있으리라 생각했으나, 먼저 ...Bc6를 둬서 백이 g3를 두게끔 강요한 다음 ...Kh5를 두지 않는 한 제가 틀렸습니다. 그와 비슷한 계획을 따르긴 했지만, ...Rcg8를 둬서 백에게 Rd1을 두게끔 만드는 바람에 아주 중요한 수를 놓쳤습니다. 그러나 바로 ...Bc6를 두는 게 옳은 수라고 확신하긴 했습니다. 그러면 백은 g3를 두도록 강요받고, 흑은 ...Kh5로 응수할 것입니다. 이미 나타나는 바와 같이 가장 좋아 보이는 수입니다(...Rh8를 두는 계획도 있습니다. 그러면 이어서 ...Kg4를 두어 메이트로 위협하거나 상황에 따라 움직이는 경우도 있습니다. 물론 어떤 경우에는 ...Kg4를 먼저 두는 게 나을 것입니다). 또는 ...Ne4로 적어도 무승부를 만들 수 있습니다. 이 포지션에는 가능성이 너무 많아서 모두 제시하기는 불가능에 가깝습니다. 독자들로선 위에 적은 수들을 꼼꼼히 살펴 보는 일도 시간을 투자할 가치가 있을 것입니다.

29	...	Rcg8

앞서 말했듯이 ...Bc6가 가장 좋은 수였습니다.

30	g3	Bc6
31	Rd1	Kh5

흑은 위에서 설명한 대로 적절한 시기에 g4에 가서 h1에서 의 메이트로 위협하고자 하는 계획이었습니다. 하지만 너무 늦어졌고, 백 룩이 제때 와서 작전을 막았습니다. 그러므로 흑은 ...Kh5 대신에 ...Ne4를 둬야 했습니다. 그것은 최소한 무승부를 안겨 주었을 것입니다. 31...Kh5 후에는 판이 뒤집힙니다. 이제 우위를 점한 쪽은 백이며, 무승부를 위해 싸워야 하는 쪽은 흑입니다.

32	Rd6	Be4

32...Ne4는 지금 봐도 올바른 수였으며, 아마도 흑이 백의 최고의 행마에 맞서 무승부를 낼 마지막 기회였을 것입니다.

33	Qxc3	Nd5
34	Rxg6	Kxg6

34...Nxc3면 35 Rxg8 Nxa2가 되어 나을 게 없었습니다.

35	Qe5	Kf7
36	c4	Re8
37	Qb2	Nf6
38	Bd4	Rh8
39	Qb5	Rh1+
40	Kf2	a6
41	Qb6	Rh2+
42	Ke1	Nd7
43	Qd6	Bc6
44	g4	fxg4
45	f5	Rh1+
46	Kd2	Ke8
47	f6	Rh7
48	Qe6+	Kf8
49	Be3	Rf7
50	Bh6+	Kg8

　관중들이 그랬던 것처럼 대부분의 선수들도 제가 왜 기권하지 않았는지 궁금해 할 것입니다. 그 이유는, 저 또한 질 줄 알았지만, 차제스가 다음 변형과 아주 유사한 행마를 두길 기대했기 때문입니다. 51 Qxg4+ Kh7 52 Qh5 Rxf6 53 Bg5+ Kg7 54 Bxf6+ Kxf6면 백의 승리는 결코 쉽지 않게 됩니다. 만약 믿기지 않는다면, 마스터에게 맞서 백 기물들을 잡아 보고 무슨 일이 일어나는지 확인해 보십시오. 모험을 하지 않기로 한 제 상대는

51 Bg7을 뒀고, 마침내 아래와 같이 승리했습니다.

51	Bg7	g3
52	Ke2	g2
53	Kf2	Nf8
54	Qg4	Nd7
55	Kg1	a5
56	a4	Bxa4
57	Qh3	Rxf6
58	Bxf6	Nxf6
59	Qxg2+	Kf8
60	Qxb7	

몇 수 더 진행된 후, 흑은 기권했습니다

차제스는 25수 이후 좋은 경기를 펼쳤습니다. 흑은 최선의 포지션에 반해 여러 차례 기회를 놓친 반면 백은 한 번도 놓치지 않았습니다.

7. 루이 로페즈 *Ruy Lopez*

(산세바스티안, 1911년)

백: J. R. 카파블랑카   **흑: A. 번Burn**

1	e4	e5
2	Nf3	Nc6
3	Bb5	a6
4	Ba4	Nf6
5	d3	

매우 경직된 전개입니다. 당시 저는 오프닝의 여러 변형에 대한 무지함 때문에 나쁜 버릇이 심했습니다.

5	...	d6
6	c3	Be7

흑에게 있어 이 변형에는 ...g6 후에 비숍을 g7을 거쳐 전개한다는 대안이 있습니다.

7	Nbd2	0-0
8	Nf1	b5
9	Bc2	d5
10	Qe2	dxe4

11	dxe4	Bc5

...Bc5는 e7에 흑 퀸을 위한 자리를 마련하려는 수가 분명합니다만, 현 단계에서 이 조치는 바람직하지 않다고 생각합니다. 11...Be6가 더 자연스럽고 효과적인 움직임입니다. 그것은 기물을 전개시켜서, 저지시켜야 하는 ...Bc4를 두겠다고 위협하게 만듭니다.

12	Bg5	Be6

흑의 수는 효과적이지 않습니다. 왜냐하면 백의 퀸스 비숍이 사정권 밖이고, c4 칸을 방어하기 위해 e3로 가게 될 백 나이트가 그 퀸스 비숍을 막지 않기 때문입니다.

13	Ne3	Re8
14	0-0	Qe7

큰일입니다. 흑은 이미 안 좋습니다. 아마 이 마지막 수를 두기 전 비숍으로 나이트를 잡는 것 외에는 선택의 여지가 없었을 것입니다.

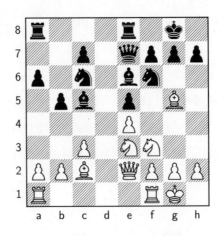

15	Nd5	Bxd5
16	exd5	Nb8

흑은 나이트를 d7에 보내서 다른 나이트와 e파일 폰을 지원하고자 합니다. 하지만 백은 그럴 시간을 주지 않고, 자신의 우월한 포지션을 이용해 폰을 잡을 수 있습니다.

17	a4	b4

흑은 폰의 상실을 막을 방법이 없으니, 폰을 포기하고 포지션을 더 굳건히 만들어 줄 ...Nbd7을 뒀어야 했습니다. ...b4는 폰을 잃을 뿐만 아니라 흑을 매우 취약하게 만듭니다.

18	cxb4	Bxb4
19	Bxf6	Qxf6

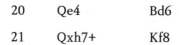

20	Qe4	Bd6
21	Qxh7+	Kf8

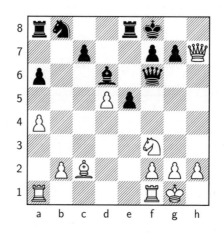

흑이 전개를 퇴보시키는 동안, 백은 더 많은 폰과 자신의 모든 기물들에 행동할 준비를 갖춥니다. 흑이 오픈 h파일을 활용하여 백 킹에 강력한 공격을 가하려고 기물들을 데리고 나오기 전에 백은 자신의 우위를 앞세워 집*으로 몰려 가는 일만이 남아 있습니다. 백은 다음 동작으로 모든 위험을 제거하게 됩니다.

22	Nh4	Qh6

22...Qh6는 사실상 강요된 수입니다. 흑은 백의 Bxg6 때문에 ...g6를 둘 수 없습니다. 한편으로 백이 Nf5+에 이어 Qxg7으로 이을 수 있는 Qh8+를 둘 수 있기 때문이기도 합니다.

---

* 흑과 백 입장에서 자신의 폰이 승진하는 각각의 끝 랭크를 말한다. 백은 8랭크, 흑은 1랭크.

23	Qxh6	gxh6
24	Nf5	h5
25	Bd1	Nd7
26	Bxh5	Nf6
27	Be2	Nxd5
28	Rfd1	Nf4
29	Bc4	Red8
30	h4	a5

흑은 a파일 폰의 안전을 보장하는 데 시간을 낭비하게 됩니다.

31	g3	Ne6
32	Bxe6	fxe6
33	Ne3	Rdb8
34	Nc4	Ke7

흑이 절망적인 싸움을 합니다. 그는 실용적인 목적을 위해 두 개의 폰을 쓰러뜨려야 했으며, 폰들은 고립되어 있어서 기물로 보호받아야 합니다.

35	Rac1	Ra7

백이 Nxd6를 두겠다고 위협했고, 이어서 Rc7+를 둘 수 있었

습니다.

36	Re1	Kf6
37	Re4	Rb4
38	g4	Ra6

만약 38...Rxa4를 두면 당연하게도 39 Nxd6로 기물이 잡히게 됩니다.

39	Rc3	Bc5
40	Rf3+	Kg7
41	b3	Bd4
42	Kg2	Ra8
43	g5	Ra6
44	h5	Rxc4
45	bxc4	Rc6
46	g6	기권
	1-0	

8. 센터 게임 *Centre Game*

(베를린, 1913년)

백: J. 미제스Mieses   흑: J. R. 카파블랑카

1	e4	e5
2	d4	exd4
3	Qxd4	Nc6
4	Qe3	Nf6
5	Nc3	Bb4
6	Bd2	0-0
7	0-0-0	Re8

이 포지션에서는 7...Re8 대신 퀸스 비숍의 전개를 위해 ...d6가 자주 두어집니다. 제 의도는 e파일 폰에 충분한 압력을 가하여 그것을 잡고 물질적인 이득을 얻는 것이었습니다. 그것은 적어도 백이 누릴 최소한의 사소한 포지션적 이득을 보상해 줄 것입니다. 그 계획은 충분히 실현 가능한 듯했습니다. 이후 겪은 제 어려움은 그 계획의 불완전한 실행으로 인한 것입니다.

8	Qg3	Nxe4
9	Nxe4	Rxe4
10	Bf4	

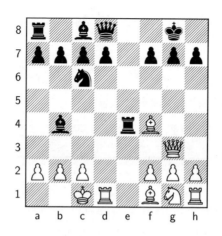

| 10 | ... | Qf6 |

백이 폰을 보상받겠다고 위협한 것은 단지 그의 기물들을 전개할 시간을 벌기 위한 목적에서였습니다. 흑은 10...d6를 둘 수도 있었습니다. 그래서 **11 Bd3 Re8 12 Nf3**로 이어지면 그의 퀸스 비숍을 위한 길이 열리게 됩니다. 그러면 백은 이내 흑 킹을 향한 강력한 직접 공격을 시작할 것입니다. 그러나 흑은 이 책에서 정한 원칙에 따라 **10...Qf6**를 통한 백에게서의 주도권 탈취를 목표로 합니다.

| 11 | Nh3 |

만약 **11 Bxc7 d6**가 되면 백 비숍은 완전히 차단되어, 포지션의 심각한 상실에 의해서만 탈출할 수 있었을 것입니다. 백의 **11 Nh3**는 주도권을 유지하기 위한 빠른 전개를 목표로 합니다.

	11	...	d6

지금 흑의 수는 전개로서의 동작일 뿐만 아니라, ...Bxh3를 통한 기물의 획득을 위협하고 있습니다.

	12	Bd3	Nd4

이번 흑의 수는 게임을 쓸데없이 복잡하게 만듭니다. 12...Re8가 간단하며 완벽하게 안전합니다.

	13	Be3

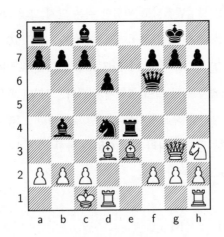

	13	...	Bg4

이것은 심각한 실수입니다. 포지션은 매우 흥미로웠고, 비록 겉보기에 흑에게는 위험했지만, 실제로는 그렇지 않았습니다.

13...Rg4가 옳은 방법이었을 겁니다. 14 Bxd4 Rxd4 15 c3 Bxc3 16 bxc3 Rg4 17 Qe3(최선) Qxc3+ 18 Bc2 Qxe3 19 fxe3 Rxg2면 흑은 모든 백 폰이 고립되는 현실 외에도, 백 나이트에 대응하는 4개의 폰을 가진 최고의 상황이 됩니다.

14	Ng5!	Rxe3

흑에게 이보다 더 좋은 수는 없었습니다.

15	Qxg4	Ne2+

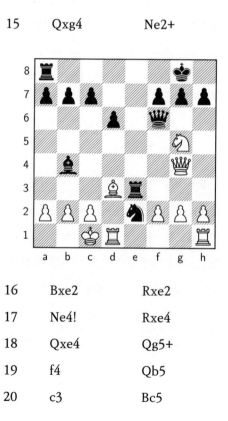

16	Bxe2	Rxe2
17	Ne4!	Rxe4
18	Qxe4	Qg5+
19	f4	Qb5
20	c3	Bc5

21	Rhe1	Qc6
22	Rd5	

22 Qxc6는 백에게 적절한 수로 이기기에 충분한 확실한 우위를 부여했을 것입니다. 그러나 미제스는 교환을 하면서 폰이 열세가 되어 겪을 엔딩의 어려움이 두려웠습니다. 그는 퀸들을 보드에 유지하며 공격하길 원했습니다. 첫눈에, 그리고 아무리 신중히 생각해 봐도, 그의 계획에는 이의를 제기할 부분이 없는 듯하지만 사실은 그렇지 않습니다. 이 시점부터, 이 경기는 백이 패할 때까지 흑의 입장에서는 점차 개선될 것입니다.

22	...	Qd7
23	f5	c6
24	Rd2	d5

결정적인 순간을 위한 제 계획은 매우 간단합니다. 비숍을 f6로 보내는 겁니다. 그런 다음 ...h6를 둬서 킹에 대한 백의 공격을 마비시키고, 백으로 하여금 g5를 절대 두지 못하게끔 합니다. 킹이 공격으로부터 안전해지면, 제가 가진 네 개의 퀸사이드 폰들을 상대 쪽 세 퀸사이드 폰들에게 진격시키기 시작할 것입니다. 그리고 그 이점은 f6에 있는 비숍으로부터의 엄청난 공격력과 함께, 적어도 성공의 기회만큼은 보장해 줄 것입니다.

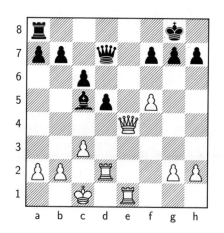

25	Qf3	Be7
26	Rde2	Bf6
27	Qh5	h6
28	g4	Kh7!

백의 h4를 막으려면 퀸을 잡으려는 …g6로 응수해야 합니다. 이제 제 킹은 공격으로부터 안전하다고 여겨집니다. 백은 h3 칸을 통해 퀸을 철수시켜야 할 것입니다. 그리고 흑은 퀸사이드에서의 진격을 시작할 시간을 사용할 수 있습니다.

29	Kb1	Rd8
30	Rd1	c5

백이 수세로 전환됨에 따라 전략적인 관점에서 자신의 룩을 정확하게 배치했다는 점에 주목하십시오. 그들은 모두 흑 비숍

으로부터 공격을 받지 않는 밝은색 칸에 있습니다.

	31	Qh3	Qa4

흑의 ...Qa4는 백 룩을 공격하는 동시에 h3에서 g파일 폰을
보호하는 백 퀸을 묶어 둠으로써 시간을 벌게 됩니다. 게다가,
퀸은 지금 집으로 공세를 가해야 하기 때문에 싸움 한복판에 있
어야만 합니다. 백은 실제 자산에서 우위에 있기 때문에 흑이 성
공하기 위해서는 모든 것을 작전에 활용해야만 하는 것입니다.

	32	Red2	Qe4+
	33	Ka1	b5

흑은 ...b4를 위협하여 비숍의 동선을 열며, 또한 통과한 폰을
확보합니다.

	34	Qg2	Qa4

흑은 백이 ...Qxd1+의 위험 때문에 d파일 폰을 잡을 수 없게
끔 만들어 간접적으로 방어합니다.

	35	Kb1	b4

흑이 폰을 점차 집으로 보내어 백 킹을 직접적으로 압박하면

서 공격력이 대거 증가합니다. 지금 포지션이 가장 흥미롭고 매우 어렵습니다. 흑의 최선의 수에 대한 유효한 방어가 있을지 의문입니다. 변형들은 많고 어렵습니다.

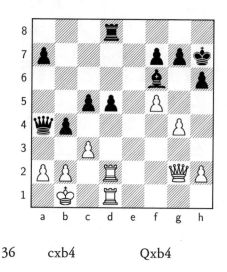

36	cxb4	Qxb4

흑은 이제 통과한 폰을 가졌고 그의 비숍은 엄청난 압박을 가하고 있습니다. 지금 백은 무척 좋은 수인 Rxd5를 바로 둘 수 없습니다. 왜냐하면 **37 Rxd5 Rxd5 38 Rxd5 Bxb2**가 진행되면 백은 흑 비숍을 잡을 수가 없으며 **...Qe4+**가 백 룩을 잡고 통과한 폰을 깔끔하게 전진시킬 것이기 때문입니다.

37	a3	Qa4!
38	Rxd5	Rb8
39	R1d2	c4
40	Qg3	Rb3

41		Qd6

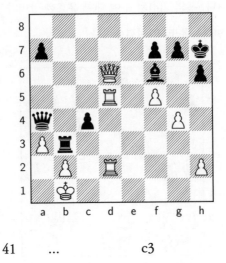

41	...	c3

41...Bxb2를 둬도 흑이 이길 것이며, 이것은 백이 완전히 끝났음을 보여 줍니다. 그러나 가장 보기 좋은 수가 아닌 가장 효과적인 수가 가장 빨리 기권하게 만드는 법입니다.

42	Rc2	cxb2
43	Rd3	Qe4!
44	Rd1	Rc3
	백 기권	0-1

백은 기권하지 않으면 당연히 Qd2를 둬야만 하는데, 그러면 흑은 ...Rxa3를 두면 됩니다.

9. 퀸스 갬빗 거절 *Queen's Gambit Declined*

(베를린, 1913년)

백: J. R. 카파블랑카   **흑: R. 테이흐만Teichmann**

1	d4	d5
2	Nf3	Nf6
3	c4	e6
4	Bg5	Be7
5	Nc3	Nbd7
6	e3	0-0
7	Rc1	b6
8	cxd5	exd5
9	Bb5	

9 Bb5는 제가 알기론, 제 발명입니다. 저는 평범한 경로를 바꾸기 위해 순간순간의 원동력을 따라 경기했습니다. 일반적으로 여기서의 비숍은 Qa4 후에 d3나 a6로 갑니다. 텍스트 무브는 자연스럽게 전개되는 행마에 속하고, 어떤 원칙도 위반하지 않기 때문에 나쁠 수가 없습니다.

9	...	Bb7
10	0-0	a6
11	Ba4	Rc8

12	Qe2	c5
13	dxc5	Nxc5

만약 **13...bxc5 14 Rfd1**이면 백이 흑의 중앙 폰들 중 하나를 잡게 됩니다. **13...Nxc5**는 흑 d파일 폰을 고립시켜 결과적으로 취약하게 만들어 공격 대상이 된다는 단점이 있습니다.

14	Rfd1	Nxa4

대안은 **14...b5 15 Bc2 b4 16 Na4 Nce4**일 것입니다.

15	Nxa4	b5
16	Rxc8	Qxc8
17	Nc3	Qc4

흑은 엔딩을 위해 두 개의 비숍을 남기고 퀸들을 교환하는 것을 목표로 하고 있지만, 이 포지션에서 그러한 경로는 잘못된 것입니다. 왜냐하면 b7의 비숍은 무능하며 방어해야 하는 고립된 d파일 폰을 포기하지 않는 한 어떤 방법으로든 게임에 개입할 수 없기 때문입니다.

18	Nd4	

물론, 백은 **18 Rd4**를 두면 안 됩니다. 왜냐하면 **18...Qxe2**

19 Nxe2 Rc8가 되므로 ...Rc2를 막는 좋은 방법이 아니기 때문입니다.

| 18 | ... | Qxe2 |
| 19 | Ncxe2! | |

백 나이트 행마의 조율에 주목하십시오. 그들은 d4에 있거나, 거기에 갈 준비가 된 상태이며, 서로를 유지하기 위해 엮인 사슬처럼 기동합니다. 이제 백은 오픈 파일을 가져가겠다고 위협하며 흑의 다음 수를 강요하고 있습니다.

| 19 | ... | Rc8 |

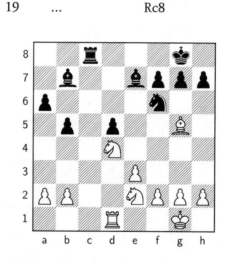

연구생은 이 포지션을 신중히 검토해야 합니다. 특별한 위험은 없어 보이지만, 백이 입증하듯 흑은 패배하게 될 것입니다. 만약 흑이 완전한 패배를 거부하고자 한다면, 방어는 최소한 가

장 행하기 어려운 종류의 행위가 될 것입니다. 사실, 저로선 백의 다음 수에 대한 흑의 적절한 방어는 찾을 수 없다는 걸 고백할 수밖에 없습니다.

	20	Nf5!	Kf8

만약 20...Bd8 21 Nd6 Rc7 22 Nxb7 Rxb7 23 Bxf6 Bxf6 24 Rxd5 Rc7 25 Rd2면 백은 폰에서 앞서게 됩니다. 만약 **20...비숍의 이동**이 다른 곳으로 이뤄졌다면 **21 Bxf6**로 흑의 f파일 폰은 더블 폰이 되고 모든 킹사이드 폰들은 고립됩니다.

21	Nxe7	Kxe7
22	Nd4	g6

백이 **Nf5+**를 위협했기 때문에 **...g6**는 사실상 강제적입니다. h파일 폰이나 룩으로 된 오픈 파일을 포기하는 방법 외에 흑 나이트는 어떤 구원도 얻을 수 없게끔 핀으로 고정된 걸 주목하십시오. 이는 백이 즉시 승리를 거둘 수 있는 만큼 재앙일 것입니다.

23	f3!	

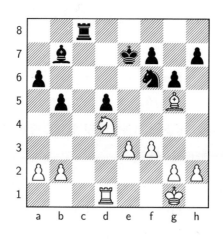

| 23 | ... | h6 |

흑은 오픈 파일에 낀 룩으로는 시간을 날리는 일 외에 아무것
도 할 수 없습니다. 왜냐하면 그가 이동하자마자 백이 잡을 것이
기 때문입니다. 반면에 백은 길을 이미 준비한 후 f2, g3, f4를
통해 e5에 그의 킹을 진군시키려고 위협하고 있습니다. 그래서
흑의 최선의 기회는 자신의 나이트를 풀어 주기 위해, 텍스트 무
브에서처럼 폰을 포기하는 것이었습니다.

24	Bxh6	Nd7
25	h4	Nc5
26	Bf4	Ne6

흑은 백 비숍과 다른 색상의 비숍을 남기기 위해 나이트들을
교환합니다. 이 수는 그가 무승부를 낼 수 있는 아주 좋은 기회

를 줍니다.

27	Nxe6	Kxe6

27...fxe6는 상황을 더 악화시킬 것입니다. 백이 e5에 비숍을 올릴 수 있기 때문입니다.

28	Rd2	Rh8

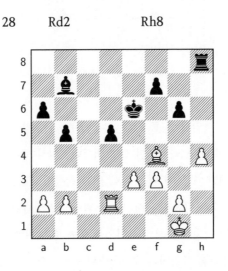

흑은 백이 Bg3를 두게끔 압박하고자 합니다. 29 g3는 29...d4로 인해 좋지 않을 것입니다. 비록 백이 30 e4로 응수할 수 있더라도, 흑 비숍이 게임에 참여하게 됩니다. 그러나 곧 보게 될 것처럼 흑의 텍스트 무브는 허약합니다. 흑의 최선의 기회는 ...b4를 두는 것이었습니다. 그리고 ...a5와 ...Ba6를 이어서 두는 것이었습니다. 한편 백은 적절하게 g4와 h5를 두면, 통과한 폰을 얻어 이길 수 있습니다.

| 29 | Rc2! | Rc8 |
| 30 | Rxc8 | Bxc8 |

이제 서로에게는 각각 다른 색의 비숍이 있지만, 그럼에도 불구하고 백은 쉽게 이길 수 있습니다.

| 31 | Kf2 |

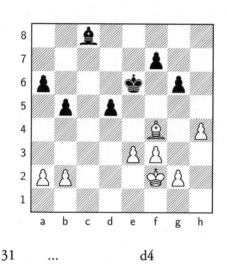

| 31 | ... | d4 |

거의 강제적인 수입니다. 흑이 이 수를 두지 않으면 백 킹은 d4까지 진군하고 c5까지 가서 흑 퀸사이드 폰들을 잡을 것입니다. 흑이 자신의 킹을 c6에 올려놓고 이를 막으려 한다면 백 킹은 e5를 통해 흑의 킹사이드로 들어가 폰들을 쉽게 잡을 수 있을 것입니다.

32	exd4	Kd5
33	Ke3	Be6
34	Kd3	Kc6
35	a3	Bc4+
36	Ke3	Be6
37	Bh6	

g4는 ...f5 때문에 서두르지 않는 것이 좋습니다. 왜냐하면 백은 어떤 경우에도 이길 수 있는 상태지만, 그렇게 되면 시간이 더 걸리기 때문입니다. 지금 백은 g7에 비숍을 올린 뒤 킹으로 하여금 f4 칸을 통해 들어가겠다고 위협하는데, 그러면 d파일 폰 보호와 함께 간접적으로 b파일 폰까지 보호할 수 있습니다.

37	...	Kd5
38	Bg7	**기권**
	1-0	

연구생은 지금쯤 어떤 종류의 엔딩이든 잘 운영하는 것이 얼마나 중요한지 깨달아야 합니다. 이 게임에서 백은 오프닝부터 사실상 흑 d파일 폰의 고립만을 목표로 삼았습니다. 그는 그 목표를 얻고자 노력했고, 운이 좋게도 폰의 물질적 이점으로 치환된 포지션의 또 다른 이점을 얻었습니다. 그리고 엔딩에서의 정확한 운영을 통해 차츰 우위를 점하였습니다. 이 엔딩에는 세계 최고의 선수 중 한 명과 겨루었다는 장점이 담겨 있습니다.

10. 페트로프 디펜스 *Petroff Defence*

(상트페테르부르크, 1914년)

백: J. R. 카파블랑카   흑: F. J. 마셜

1	e4	e5
2	Nf3	Nf6
3	Nxe5	d6
4	Nf3	Nxe4
5	Qe2	Qe7
6	d3	Nf6
7	Bg5	

7 Bg5는 폴 모피에 의거한, 아주 멋진 수였습니다. 요점은 흑이 퀸 교환에 있어 뒷걸음질 칠 때, 백이 정확하게 수를 둔다면, 그 결과로 구속적인 게임을 얻게 된다는 사실입니다.

7	...	Be6

마셜은 당시에는 이것이 가장 좋은 수라고 생각했기에, 7...Qxe2+보다 더 선호했습니다.

8	Nc3	h6
9	Bxf6	Qxf6

10	d4	Be7
11	Qb5+	Nd7
12	Bd3!	

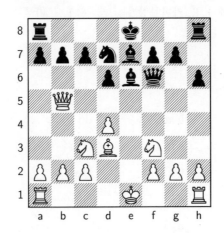

이제 오프닝 결과를 검토할 때입니다. 백 입장에서는 마이너 기물들이 잘 배치되어 있습니다. 사실 퀸이 좀 이상한 곳에 나와 있지만, 실제 폰 공격이나 다른 공격으로부터는 안전합니다. 캐슬링을 할 준비도 됐습니다. 백의 포지션은 분명 위험하지 않으며 기물들은 쉽게 전술 기동을 할 수 있는 상태입니다.

흑의 입장에서 가장 먼저 눈에 띄는 것은 두 비숍을 모두 유지하고 있다는 의심할 여지없이 유리한 점입니다. 반면에 그의 기물들은 너무 많이 뭉쳐 있고, 퀸은 좋은 칸으로 가지 않으면 공격당할 위험에 처해 있습니다. e7의 비숍은 자유롭지 않고 퀸을 막고 있으며 반대로 퀸도 비숍을 막고 있습니다. 게다가 흑은 킹사이드에서 캐슬링을 할 수 없습니다. 왜냐하면 **13 Qxb7 Rab8 14 Qe4**면 백이 메이트 위협을 가하며 폰을 잡게 되니까요. 또한 퀸사이드 캐슬링도 불가능한데 Qa5가 흑을 위험에 빠뜨릴 것이기 때문입니다. 이 상황에선 ...a6도 Bxa6 때문에, ...Kb8는 Nb5 때문에 둘 수 없습니다. 따라서 오프닝의 모든 요소들이 백에게 유리하다는 결론을 내릴 수밖에 없습니다.

12	...	g5

흑이 퀸의 자리를 마련하는 동시에 ...g4 위협을 겸하는 수입니다.

13	h3	0-0

이 캐슬링은 흑이 폰을 포기하고 포지션을 해방시켜 주도권을 잡으려는 시도입니다. 흑으로선 캐슬링 외의 마땅한 수를 찾기 힘듭니다. 흑이 어떻게 하든 백은 14 Ne4로 위협하여 흑이 퀸을 g7으로 보내면, 백은 15 d5 Bf5 16 Nxd6+, 이어서 Bxf5를 두게 됩니다.

14	Qxb7	Rab8
15	Qe4	Qg7
16	b3	c5

흑은 백의 중앙을 부수고 나이트를 c5로 보내서 백 킹에 대한 맹공을 퍼부을 기반을 마련했습니다. 그러나 이 계획은 실패하

는데, 이러한 경우에 으레 그리 되는 것처럼, 흑의 전개가 낙후되어서 기물들이 제대로 배치되지 않았기 때문입니다.

17	0-0	cxd4
18	Nd5!	

18 Nd5는 흑의 계획을 완전히 무너뜨리는 간단한 수입니다. 흑은 이제 기물들의 일사분란한 행동이 불가능하고, 폰들은 모두 허약하기 때문에 조만간 패배하게 될 것입니다.

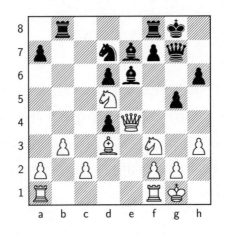

18	...	Bd8
19	Bc4	Nc5
20	Qxd4	Qxd4

흑이 폰의 열세일 때 퀸을 교환해야 한다는 사실은 그의 패착을 보여 줍니다.

21	Nxd4	Bxd5
22	Bxd5	Bf6
23	Rad1	Bxd4

백 나이트가 너무 위협적이었습니다. 하지만 이제 엔딩에서는 비숍이 나이트보다 더 강해서 흑의 역경을 더 절박하게 만듭니다. 게임은 더 이상 흥미롭지 않으며, 단지 제가 제시한 페트로프 변형에 관한 연구로서의 가치만 있을 뿐입니다. 흑은 백의 형편없는 운영 덕에 60수까지 싸울 수 있었습니다. 나머지 수들은 형식적입니다.

24	Rxd4	Kg7
25	Bc4	Rb6
26	Re1	Kf6
27	f4	Ne6
28	fxg5+	hxg5
29	Rf1+	Ke7
30	Rg4	Rg8
31	Rf5	Rc6
32	h4	Rgc8
33	hxg5	Rc5
34	Bxe6	fxe6
35	Rxc5	Rxc5
36	g6	Kf8

37	Rc4	Ra5
38	a4	Kg7
39	Rc6	Rd5
40	Rc7+	Kxg6
41	Rxa7	Rd1+
42	Kh2	d5
43	a5	Rc1
44	Rc7	Ra1
45	b4	Ra4
46	c3	d4
47	Rc6	dxc3
48	Rxc3	Rxb4
49	Ra3	Rb7
50	a6	Ra7
51	Ra5	Kf6
52	g4	Ke7
53	Kg3	Kd6
54	Kf4	Kc7
55	Ke5	Kd7
56	g5	Ke7
57	g6	Kf8
58	Kxe6	Ke8
59	g7	Rxg7
60	a7	Rg6+

61 Kf5 기권

1-0

11. 루이 로페즈 *Ruy Lopez*

(상트페테르부르크, 1914년)

백: J. R. 카파블랑카　　　흑: D. 야노프스키

1	e4	e5
2	Nf3	Nc6
3	Bb5	a6
4	Bxc6	dxc6
5	Nc3	

저는 몇 차례에 걸쳐 알레킨Алекса́ндр Алекса́ндрови ч Але́хин과 의논한 끝에 **5 Nc3**를 취했습니다. 당시 알레킨은 이 수를 일반적으로 두어지는 **d4**보다 우수하다고 여겼습니다. 그는 이후 토너먼트에서 있었던 라스커 박사와의 경기에서 직접 두었고 치명적 실수로 패배한 우수한 경기를 얻었습니다.

| 5 | ... | Bc5 |

5...f6가 이 포지션에서 가장 좋은 수일 것입니다. 저는 **...Bc5**가 마음에 들지 않습니다.

| 6 | d3 | Bg4 |
| 7 | Be3 | Bxe3 |

흑이 이렇게 하면 백의 f파일이 열리고 중앙도 강화됩니다. 당연히 흑은 비숍의 이러한 두 번째 수를 만들고 싶지 않았습니다.

8	fxe3	Qe7
9	0-0	0-0-0

대담한 운영, 야노프스키답습니다.

10	Qe1	Nh6

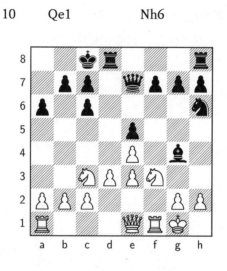

이제 백의 문제는 b파일 폰을 최대한 빨리 b5로 끌어올리는 것입니다. 만약 b4를 한 번에 두면 흑은 간단히 그걸 잡을 겁니다. 만약 백이 먼저 a3를 두고 b4를 둔다면, 그는 a4와 b5를 두기 전에 계속 자신의 b파일 폰을 보호해야 합니다. 사실 백은 이번에 좀 특이한 움직임을 보였지만 이 상황에서는 최고의 수였는데, 그 이후에 b4와 a4와 b5를 한꺼번에 둘 수 있기 때문입

니다.

11	Rb1!	f6
12	b4	Nf7
13	a4	Bxf3

흑은 백의 공격이 가벼워지길 바라며 상황을 단순화하고자 합니다. 그래서 백의 공격이 사실상 보드 위의 무거운 기물들, 즉 메이저 기물들만 움직여서 이뤄지게끔 하려고 합니다. 그는 또한 ...Ng5와 ...Ne6를 두기 위해 이렇게 했을지도 모릅니다.

| 14 | Rxf3 | |

백이 폰으로 비숍을 잡았다면 흑으로선 반격의 가능성이 열렸을 것입니다.

| 14 | ... | b6 |

흑은 퀸사이드 폰들의 붕괴를 피하기 위해 어쩔 수 없이 이렇게 해야만 합니다. 유일한 대안은 ...b5였을 것입니다. 겉으로 보기에는 안 좋아 보이지만요.

| 15 | b5 | cxb5 |
| 16 | axb5 | a5 |

17	Nd5	Qc5
18	c4	

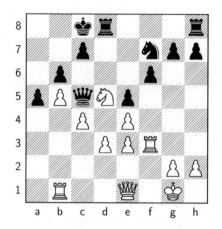

　백 나이트는 이제 강력한 탑이 되었습니다. 탑을 배경으로 두고 백은 d4로 시작하는 공격을 준비하여 흑 퀸을 몰아냄으로써, 자유롭게 c5를 둘 수 있게 될 것입니다. 백이 여기서 딱 한 가지 챙겨야 할 사안은 바로 흑이 룩을 희생하여 백 나이트와 폰을 잡는 상황을 저지하는 것입니다.

18	...	Ng5
19	Rf2	Ne6
20	Qc3	Rd7

　열아홉 번째 수에서 백이 Rf2 대신 Rf1을 뒀다면, 흑은 20...Rd7 대신 20...Rxd5 21 exd5 Qxe3+에 이어서 ...Nc5로 이길 수 있습니다.

21	Rd1	Kb7

차라리 흑이 ...Kd8를 뒀으면 좋았을 텐데요. 텍스트 무브에서는 매우 빠르게 손실이 일어납니다.

22	d4	Qd6
23	Rc2	exd4
24	exd4	Nf4
25	c5	Nxd5
26	exd5	Qxd5
27	c6+	Kb8
28	cxd7	Qxd7
29	d5	Re8
30	d6	cxd6
31	Qc6	기권
	1-0	

12. 프렌치 디펜스 *French Defence*

(뉴욕, 1918년)

백: J. R. 카파블랑카   흑: O. 차제스

1	e4	e6
2	d4	d5
3	Nc3	Nf6
4	Bd3	

4 Bd3는 가장 선호되는 행마는 아니지만 완벽하고 자연스럽게 전개되는 움직임입니다. 결과적으로 나쁘지 않을 것입니다.

4	...	dxe4

일반적으로 이 경우에는 4...dxe4 대신 ...c5를 둡니다.

5	Nxe4	Nbd7
6	Nxf6+	Nxf6
7	Nf3	Be7

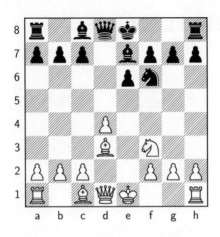

| 8 | | Qe2 |

이는 이 변형에서 흑이 전개하는 일반적 형태로서의 ...b6, 그 뒤를 잇는 ...Bb7을 막기 위한 수입니다. 만약 흑이 지금 8...b6 로 응수하면 9 Bb5+ Bd7 10 Ne5가 되어 백은 포지션에서 상당한 우위를 점하게 됩니다.

| 8 | ... | 0-0 |
| 9 | Bg5 | h6 |

당연하지만 흑은 Bxf6, 이어지는 Qe4 때문에 ...b6를 둘 수 없었을 것입니다.

| 10 | Bxf6 | Bxf6 |
| 11 | Qe4 | g6 |

흑의 수는 자신의 킹사이드를 약화시킵니다. 11...Re8가 옳은 수였습니다.

12   h4

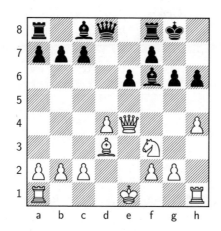

12   ...   e5

이것은 오로지 흑이 퀸스 비숍을 빨리 나오게 하기 위해 폰을 포기하는 수입니다. 하지만 그는 자신의 폰에 대한 어떠한 보상도 얻지 못하기 때문에, 이 움직임은 안 좋습니다. 그는 12...Qd5를 두고 그 방향으로 끝까지 싸우려고 노력해야 했습니다. 그러면 이렇게 계속되었을 수도 있습니다. 13 Qf4 Bg7 14 Qxc7 Bxd4 15 Nxd4 Qxd4, 그리고 백 포지션에 상당한 이득이 될 16 0-0-0. 이에 비해 12...e5는 가벼운 자해 행위처럼 여겨질 수 있습니다.

13	dxe5	Bf5
14	Qf4	Bxd3
15	0-0-0	Bg7
16	Rxd3	Qe7
17	Qc4	

17 Qc4는 흑 퀸이 게임에 들어오는 걸 막기 위한 수입니다.

17	...	Rad8
18	Rhd1	

백의 더 좋은 계획은 e6로 이을 수 있는 Re1이었습니다.

18	...	Rxd3
19	Rxd3	Re8
20	c3	c6

만약 20...Bxe5를 두면 21 Nxe5 Qxe5 22 Re3가 되어 당연하게도 폰 열세가 되는 흑은 매우 힘들게 싸우게 됩니다.

21	Re3

백의 e파일 폰은 지금 방어되어야 했습니다. 이렇게 안 했으면 21...Bxe5 22 Nxe5 Qxe5 23 Re3 이후에 흑은 23...Qb8

로 룩을 방어할 수 있게 되기 때문입니다.

21	...	c5
22	Kc2	b6
23	a4	

이제 백의 계획은 자신이 물량적인 이점을 가지고 있는 킹사이드에서 자유롭게 기동할 수 있도록 퀸사이드를 **고정**시키는 것입니다.

23	...	Qd7
24	Rd3	Qc8
25	Qe4	Qe6
26	Rd5	Kf8
27	c4	Kg8

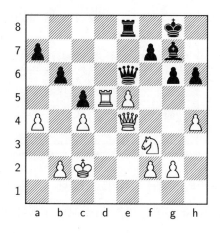

흑은 자신이 지금 최고의 방어 포지션을 갖췄다고 보고, 백이 어떻게 돌파할지 보여 주길 기다립니다. 물론 그는 백 나이트가 f파일 폰 앞에 있어서, 백 폰으로 하여금 방어를 위한 f4로의 진격이나 e파일 폰에 대한 지원을 불가능하게 한다는 걸 알아차립니다.

28	b3	Kf8
29	Kd3	Kg8
30	Rd6	Qc8
31	Rd5	Qe6
32	g4	Kf8
33	Qf4	Kg8
34	Qe4	Kf8

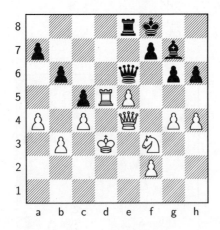

흑이 계속 백의 전개를 기다리고 있습니다. 그는 만약 **35 h5 gxh5 36 gxh5**가 된다면 퀸을 h3로 보내서 백이 심각한 어려

움에 직면하게 만들려고 합니다. 이런 상황에서 백은 킹을 g3로
보내서, 흑 퀸이 자리하면 골칫거리가 될 수 있는 h3와 g4를 방
어하는 길밖에 없다고 판단합니다.

35	Ke2	Kg8
36	Kf1	Kf8
37	Kg2	Kg8
38	Kg3	Kf8

이제 백은 킹과 함께 행군을 마쳤고, 진격할 준비가 되었습니다.

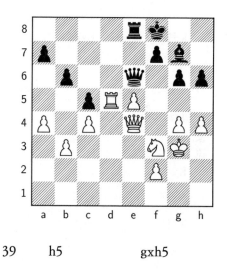

| 39 | h5 | gxh5 |

39...g5는 40 Qf5로 응수 가능하며 백이 이기게 됩니다.

| 40 | gxh5 | Qe7 |

...Kg8를 대신한 수입니다. 흑이 ...Kg8를 뒀으면 백은 Qg4를 둬서 사실상 퀸 교환을 강요합니다. 그 결과로서의 포지션에서 흑 비숍은 많은 피해를 주지 못하기 때문에 백은 엔딩을 승리로 이끄는 데 별 어려움이 없습니다.

41	Qf5	Kg8

흑은 42 Rd7의 위력을 간과합니다. 최선의 방어는 41...Rd8였습니다. 그러면 백이 킹을 진출시키거나 Nh4를 둬서 Ng6+로 위협하는 일에 대항할 수 있었습니다.

42	Rd7!	Bxe5+

이걸로 백은 기물 하나를 잃었지만 흑의 포지션은 완전히 절망적인 상태가 되었습니다.

43	Kg4	Qf6
44	Nxe5	Qg7+
45	Kf4	기권
	1-0	

이 경기의 흥미로운 부분은 주로 오프닝과 마지막 단계에 있는 백 킹의 행진에 집중됩니다. 퀸이 아직 보드에 있는 동안에도 킹이 싸움꾼이 된 사례입니다.

13. 루이 로페즈 *Ruy Lopez*

(뉴욕, 1918년)

백: J. S. 모리슨Morrison 흑: J. R. 카파블랑카

1	e4	e5
2	Nf3	Nc6
3	Bb5	d6
4	Nc3	Bd7
5	d4	exd4
6	Nxd4	g6

　루이 로페즈의 방어 형태인 g7 칸을 통한 흑 킹스 비숍의 전개는 매우 중요하다고 생각합니다. g7에 있는 비숍은 긴 대각선을 따라 큰 압력을 가합니다. 동시에 킹 앞에 있는 비숍과 폰의 포지션은 캐슬링이 이뤄지면, 강력한 방어력의 한 축이 됩니다. 그러므로, 우리는 이러한 전개의 형태에서는 비숍이 최대한 강점을 발휘한다고 말해야 마땅할지도 모릅니다(이 기록을 산세바스티안에서의 카파블랑카-번 경기인 **7. 루이 로페즈**의 기록과 비교해 보십시오).

7	Nf3	Bg7
8	Bg5	Nf6

물론 **8...Nge7**은 안 됩니다. **Nd5** 때문입니다. 대안은 **...f5**였으며 **...Nge7**이 뒤따르는 것입니다. 그러나 이 포지션에서는 나이트를 f6에 두는 것이 바람직합니다.

9	Qd2	h6
10	Bh4	

백의 판단 착오입니다. 그는 나이트에 핀을 걸고 싶어 하지만, 즉시 흑의 캐슬링을 막는 것이 더 중요했습니다. **10 Bf4**가 그걸 가능케 했을 겁니다.

10	...	0-0
11	0-0-0	

백의 과감한 수, 그러나 다시 한 번 잘못된 판단입니다. 백이 승패를 가리기 위한 경기를 할 의도가 없다면 모를까, 바람결에 안전을 던진 수입니다. g7의 흑 비숍은 매우 강력한 공격 기물이 됩니다. 흑 기물의 전략적 배치는 이제 백보다 훨씬 우수하므로, 공세를 취하게 될 쪽은 흑입니다.

11	...	Re8
12	Rhe1	

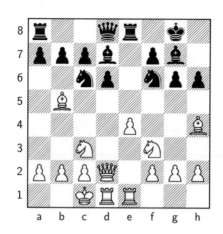

백은 퀸스 룩Queen's Rook을 오픈 파일로 유지하길 바랍니다. 따라서 다른 룩을 가운데로 보내 그의 e파일 폰을 방어합니다. 흑이 ...g5에 이어 ...Nxe4로 잡는다고 위협되는 곳입니다.

12   ...   g5!

흑의 지금 전진은 킹스 룩이 가운데에 있어서 안전합니다. 왜냐하면 백이 킹사이드를 공격하려면, 자신의 룩을 이동시켜야 하기 때문입니다. 그러나 흑이 가운데에서의 압박을 유지하는 한 그렇게 할 수 없습니다.

13   Bg3   Nh5

흑은 이 수로 긴 대각선을 따라 움직이는 자신의 비숍을 발굴하고, 동시에 14 e5를 예방합니다. 백이 14 e5를 두면 ...Nxg3

로 응수한 후 **15 hxg3 Nxe5** 등등으로 폰을 잡을 수 있습니다.

14	Nd5	a6

흑은 백 비숍을 쫓아내서 자신의 기물들을 **핀에서 풀어** 자유롭게 움직일 수 있게 합니다.

15	Bd3	Be6

흑의 맹공이 준비됩니다. 그의 기물들이 백 킹의 포지션에 맞서기 시작합니다.

16	c3	

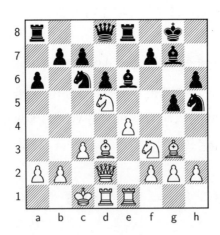

마지막 수로 백은 흑 킹스 비숍의 행동을 차단할 뿐만 아니라, 자신의 비숍을 b1에 배치하고 c2에 퀸을 배치함으로써 h7에서

의 체크를 위해 e파일 폰을 전진시키는 걸 목표로 하고 있습니다.

	16	...	f5!

흑의 이번 수는 백이 응수하지 않는 공격에 착수하여, 궁극적으로는 백의 퀸스 비숍을 잡거나 게임에서 차단하는 것이 목적입니다(이 게임을 헤이스팅스에서 있었던 윈터-카파블랑카 경기인 **예제 54**와 비교해 보십시오).

	17	h4	f4

흑의 어두운색 칸 비숍은 이제 움직이지 않게 됩니다. 백은 당연히 흑 킹의 외견상 드러난 포지션을 격렬하게 공격하고, 아주 좋은 판단력으로 비숍의 포지션까지 그 목표로 삼습니다.

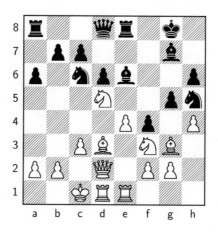

| 18 | hxg5! | hxg5! |

흑이 여기서 백 비숍을 잡는 것은 위험하지만 사실 나쁘지만 은 않은 수이긴 합니다. 반면 텍스트 무브는 백 비숍을 무력화하 려는 흑의 목적을 달성합니다.

| 19 | Rh1 | Bf7 |
| 20 | Kb1 | |

백의 이 움직임은 의심할 여지없이 시간 낭비입니다. 그가 조 만간 h2로 비숍을 후퇴시킬 것이기 때문에, 바로 그렇게 한 건 지도 모릅니다. 그러나 이 단계에서 이 수가 의미가 있을지는 의 문입니다.

| 20 | ... | Ne5 |
| 21 | Nxe5 | Rxe5 |

e5를 어떤 방법으로 탈환할지 결정하는 것은 어려웠습니다. 킹에 대한 공격에 대비하기 위해 룩으로 잡았습니다.

| 22 | Bh2 | Nf6 |

이제 백 비숍이 뒤로 밀려났으니 흑은 f7 비숍의 공격을 차단 하는, d5를 차지한 백의 강력한 나이트를 제거하길 원합니다.

d5 나이트는 백의 방어의 열쇠라고 할 수 있습니다.

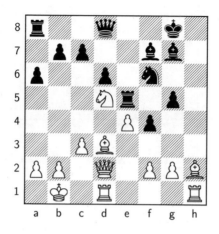

23   g3

백은 비숍을 위해서 뿐만 아니라 반격을 위해서 흑 폰들을 부
수고자 합니다. 흑의 대안은 백이 23 Nxf6+를 두면 ...Qxf6로
응수하는 것이었습니다. 그러면 흑은 ...Ra5와 또한 ...Qe6로
위협할 수 있게 됩니다. 연구생은 흑의 모든 약점이 그가 퀸스
룩의 지원을 뺀 채 게임을 하는 상황에서 비롯되고 있음을 알아
야 합니다. 백이 더 오래 버틸 수 있게 해 주는 것도 바로 이 부
분입니다.

23	...	Nxe4
24	Bxe4	Rxe4
25	gxf4	c6

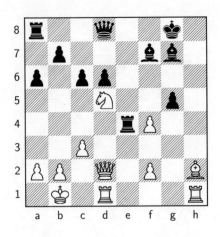

26		Ne3

26 Nb4가 대안이었지만 백은 어떤 경우라도 공격에 저항할 수 없었습니다. 관련된 변형들이 너무 많아서 설명할 공간을 많이 차지하게 되므로 독자들이 스스로 해결할 수 있게 맡깁니다.

26	...	Qa5
27	c4	Qxd2
28	Rxd2	gxf4
29	Ng4	Bg6

이렇게 되면 백 킹은 궁지에 몰려, 체크메이트 그물에 갇히게 됩니다.

30	Ka1	Rae8

이제 드디어 흑의 퀸스 룩이 게임에 투입되고 곧 전투가 끝납니다.

31	a3

만약 31 Rxd6면 31...Re1+ 32 Rd1 R8e2.

31	...	Re1+
32	Rxe1	Rxe1+
33	Ka2	Bf7
34	Kb3	d5

...d5는 게임을 끝낼 수 있는 가장 빠른 길입니다.

35	Bxf4	dxc4+
36	Kb4	c3
37	bxc3	Re4+
38	c4	Rxc4+
39	Ka5	Rxf4
40	Rd8+	Kh7
41	Rd7	Be6
	백 기권	0-1

아주 활기찬 경기였습니다.

14. 퀸스 갬빗 거절 *Queen's Gambit Declined*

(뉴욕, 1918년)

백: F. J. 마셜   흑: J. R. 카파블랑카

1	d4	d5
2	Nf3	Nf6
3	c4	e6
4	Nc3	Nbd7
5	Bg5	Be7
6	e3	0-0
7	Rc1	c6

이것은 퀸스 갬빗에 대항하는 가장 오래된 방어 체계 중 하나 입니다. 이 경기 전에 코스티치Boris Kostić를 상대로 한 토너 먼트에서도 이렇게 됐으니, 마셜은 예상했을 겁니다. 저는 종종 방어나 방어 체계를 바꿉니다. 반면, 토너먼트 도중에 그중 하나 가 저에게 좋은 결과를 줬다면, 대개 항상 그것을 둡니다.

8	Qc2	dxc4
9	Bxc4	Nd5
10	Bxe7	Qxe7
11	0-0	Nxc3
12	Qxc3	b6

12...b6는 이 방어 체계의 핵심입니다. 일련의 교환을 통해 게임을 꽤 단순화시킨 흑은 이제 뚜렷한 약점을 만들지 않으면서 긴 대각선으로 퀸스 비숍을 전개할 것입니다. 퀸스 비숍의 적절한 전개는 퀸스 갬빗에서 흑의 가장 큰 난관입니다.

| 13 | e4 | Bb7 |
| 14 | Rfe1 | Rfd8 |

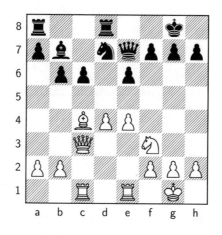

전개 단계는 이제 양쪽 모두가 완전하다고 말할 수 있습니다. 오프닝은 끝났고 미들게임이 시작됩니다. 일반적인 경우처럼 백이 중앙을 확보했습니다. 반면 흑은 자신의 첫 3랭크 자리들에 확고히 자리잡았습니다. 그리고 시간이 주어진다면 백의 중앙을 부수기 위해 c8에 그의 퀸스 룩을 배치시키고 나이트를 f6에, 마지막으로 ...c5를 둘 것입니다. 그럼으로써 b7에 배치된 흑 비숍이 활약할 수 있게 됩니다. 백은 중앙 진출을 시작함으로써 그 계획에 선수를 치고자 하는데, 자세히 분석해 보면 흑의 e

파일 폰에 대한 공격입니다.

15 d5 Nc5!

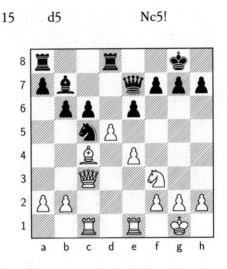

이전 게임에서는 ...Nf8로 코스티치와 맞섰습니다. 그건 제 부주의였습니다. 하지만 마셜은 저와 다르게 생각했습니다. 그 렇지 않았다면 이 변형을 가만 두지 않았을 것입니다. 왜냐하면 그가 이 수를 분석했다면, 흑이 훌륭한 우세를 얻으리라는 사실 을 깨달았을 테니까요. 이제 흑은 ...cxd5 뿐만 아니라 ...Nxe4 도 위협하면서 ...cxd5를 연결할 수 있습니다. 이 포지션은 매 우 흥미로우며 가능성들로 가득합니다.

16 dxe6 Nxe6
17 Bxe6 Qxe6

제가 강력한 우위를 얻을 ...c5를 둘 수 있을 때 백은 자신의

a파일 폰을 방어하느라 시간을 낭비한다는 인상을 주며 됐습니다. 하지만 곧 볼 수 있듯이, 상대는 저를 꽤 놀라게 했습니다.

18   Nd4!

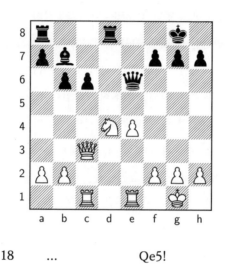

18   ...   Qe5!

물론, 18...Qxa2를 두면 19 Ra1으로 흑 퀸이 잡힐 것입니다. 18...Qe5는 아마도 이 포지션에서 흑이 할 수 있는 만족스러운 유일한 수일 것입니다. 흑이 c파일 폰을 보호할 수 있는 확실한 수는 18...Qd7이었으며 이는 19 Nf5 f6 20 Qg3(Rcd1으로 위협하게 되는 수) ...Kh8 21 Rcd1 Qf7 22 h4가 나오게 하였을 것입니다. 이는 백 포지션에게 엄청난 이점을 갖게 합니다. 반면에 텍스트 무브는 곧 보게 될 것처럼 흑에게 최소한 동등한 게임 만큼은 보장합니다.

19	Nxc6	Qxc3
20	Rxc3	Rd2
21	Rb1	

아주 심각한 백의 판단 착오입니다. 그는 자신이 우위를 누리고 있다는 인상을 받고 있습니다. 왜냐하면 그의 폰이 우세하기 때문입니다. 하지만 그렇지 않습니다. d2에 있는 흑 룩의 강력한 포지션은 흑의 폰 열세를 완전히 보상합니다. 게다가, 비숍은 나이트보다 룩과 더 잘 어울립니다(나이트와 비숍의 상대적 값이 비교되는 5. **기물의 상대적 가치** 참조). 그리고 이미 언급했듯이, 보드 양쪽의 폰들과 함께하는 비숍은 긴 활동 범위 덕분에 우월합니다. 어쨌든, 이 엔딩은 비숍의 위대한 힘을 보여 줄 것입니다. 그래서 백의 최고의 기회는 한 번에 무승부를 거두는 것입니다. 21 Ne7+면 21...Kf8 22 Rc7 Re8(22...Bxe4는 안 됩니다. 왜냐하면 23 f3가 백에게 최선의 결과를 선사할 것이기 때문입니다) 23 Rxb7(최고의 수입니다. 23 Ng6+는 금물인데, 흑이 23...fxg6에 이어서 ...Rxe4를 둘 수 있기 때문입니다) ...Rxe7 24 Rb8+ Re8 25 Rxe8+ Kxe8, 그리고 백은 적절한 운영으로 무승부를 이끌 수 있습니다.

백이 폰에서 앞서 있지만, 계속 위험에 처해 있는 것은 신기합니다. 이에 관한 분석을 한 후에야 흑의 열여덟 번째 수인 ...Qe5의 가치가 충분히 평가될 수 있습니다.

| 21 | ... | Re8 |

흑은 이 강력한 수로 백의 가운데에 대한 공격을 시작합니다. 곧 킹 그 자체에 닿을 공격이기도 합니다. 백은 **22 f3**를 두길 두려워 하는데, ...f5로 응수될 수 있기 때문입니다.

22	e5	g5

백의 f4를 막기 위해서입니다. 백 나이트는 ...Rxe5의 가능성 때문에 감히 움직일 수 없기에 사실상 핀에 걸려 있습니다.

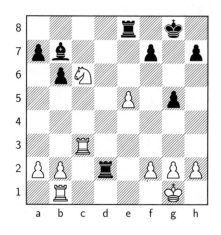

23	h4

이 수는 22 e5의 후속편입니다. 백은 흑 폰들을 교란시켜 그들이 약화되길 기대합니다.

23	...	gxh4

이로써 흑의 h파일 폰은 더블 폰에 고립되었지만 엄청난 압력을 가합니다. 이제 흑은 ...Re6로 위협합니다. 적절한 때에 ...Rg6와 ...h3와 ...h2가 이어지게 하기 위해서입니다.

24   Re1

백은 느린 죽음을 더 이상 견딜 수 없습니다. 그는 어디에서나 위험을 발견하고, 퀸사이드 폰들을 포기함으로써 위험을 피하고 싶어 하며, 나중에 킹사이드에서 자신의 운을 되찾을 수 있길 기대하고 있습니다.

24   ...   Re6!

이게 폰들을 잡는 것보다 훨씬 낫습니다. 이로 인해 백은 e1의 룩으로 나이트를 방어할 수밖에 없게 됩니다. ...Rg6가 주는 위협 때문입니다.

25   Rec1   Kg7

이는 ...Rg6를 위한 준비입니다. 승부는 킹사이드에서 결정될 것이며, 마무리를 장식하는 것은 고립된 더블 폰입니다.

26   b4   b5

흑의 ...b5는 나이트를 방어하고 룩을 해방시키는 백의 b5를 막기 위해서입니다.

| 27 | a3 | Rg6 |
| 28 | Kf1 | Ra2 |

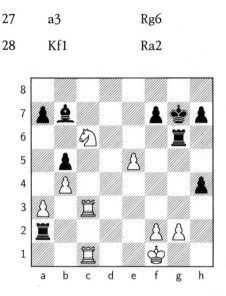

기물들의 놀라운 포지션에 주목하세요. 백은 손해를 보지 않고는 아무것도 움직일 수 없습니다. 그의 가장 좋은 기회는 29 e6를 두는 것이지만, 어떻게 해도 패배하는 경기를 연장시키는 역할만을 할 것입니다.

| 29 | Kg1 | h3 |
| 30 | g3 | a6 |

백은 모든 기물들이 묶여 있기 때문에, 움직이면 뭔가를 잃게 되는 상황이 강요됩니다.

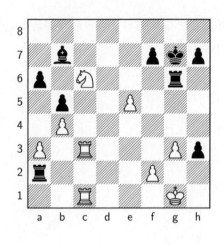

| 31 | e6 | Rxe6 |

지금도 백은 32...h2+ 33 Kxh2 Rh6+ 34 Kg1 Rh1#로 인해 나이트를 움직일 수조차 없습니다.

| 32 | g4 | Rh6 |
| 33 | f3 | |

만약 33 g5면 33...h2+ 34 Kh1 Rxc6 35 Rxc6 Rxf2로 흑이 쉽게 이깁니다.

33	...	Rd6
34	Ne7	Rdd2
35	Nf5+	Kf6
36	Nh4	Kg5

37	Nf5	Rg2+
38	Kf1	h2
39	f4+	Kxf4
	백 기권	0-1

아주 주의 깊게 연구할 가치가 있는 엔딩입니다.

해제
독보적 체스 천재가 남긴 기록,
카파블랑카식 체스와의 만남

1.

체스의 오랜 역사 속에서 호세 라울 카파블랑카라는 이름은 그 야말로 전설적인 체스 천재의 대명사로 자리매김하고 있다고 해도 과언이 아닙니다. 어렸을 때부터 체스 신동으로 이름을 알린 그는 무려 27년 동안 세계 체스 챔피언 자리를 지켰던 또 한 명의 탁월한 체스 선수이자 수학자인 에마누엘 라스커를 꺾고 제3대 세계 체스 챔피언에 올랐습니다. 1916년부터 1924년까지 8년 동안 63전 40승 23무 0패라는 대기록을 작성하며 정확성을 바탕으로 한 강력한 엔드게임을 구사했던 것으로 유명했던 카파블랑카는 이 책 『체스의 기본』을 자신이 세계 체스 챔피언에 오른 1921년에 출간했습니다.

『체스의 기본』은 '비교적' 초보자들을 위한 책입니다. 왜 '비교적'이라는 단서를 붙여야 하느냐면, 체스의 기초적인 요소들에 대한 지식이 기반이 되어야 이해할 수 있는 전술, 전략에 관한 내용이기 때문입니다. 카파블랑카는 『체스의 기본』을 저술함에 있어 앙파상, 핀, 기보법 등 체스의 기능적인 부분들에 대한 설명을 따로 하지 않습니다. 대신 그러한 내용이 숙지가 된 독자를 위해 얼마나 효과적으로 체스보드 위에서 기물들이 포지션을 잡고 여러 수 앞을 예상하며 마침내 엔드게임에서 승리를 거둘 수 있는지, 그 방법에 대해 집중합니다. 또한 단순히 설명만 하는 게 아니라 독자가 능동적 독서가 가능하게끔 자연스럽게 자신이 제시하는 문제를 풀어 볼 것을 요구합니다. 따라서 이 책은 기초를 충분히 배운 후 다음 단계로 전술과 전략을 배우고자 하는 이들을 위한 책임을 분명히 인지하고 읽어야 할 것입니다.

2.

『체스의 기본』이 독특한 점은 카파블랑카의 체스 스타일을 그대로 반영하듯 엔드게임이 강조된다는 것입니다. 엔드게임 학습을 책의 첫 부분에 두고 있는 점에서 알 수 있듯이 그는 체스의 운영에서 엔드게임의 비중을 높이 평가했습니다. 그는 또한 자신이 발견한 체스의 기본적 방침은 변하지 않을 것이라고 확신하기도 했습니다. 그래서 1934년에 쓴 서문에서는 아론 님조위치가 주도한 하이퍼모던 이론에 대해 비판하며 그것이 형식으로서의 변화이지 근본은 바뀐 게 없다고 지적합니다. 따라서 체스의 양식이 변하지 않는 한 『체스의 기본』의 가치는 100년 후에도 유효할 것이라고 말합니다. 이런 말은 어찌 보면 '체스 천재'다운 오만함이 느껴지는 부분이기도 합니다.

그러나 그렇다고 해서 카파블랑카가 그저 오만하기만 한 선수이자 작가는 아니었다는 사실을 책을 읽다 보면 자연스럽게 알게 됩니다. 오프닝에 대한 부족한 이해에도 불구하고 놀라운 성적을 거둔 천부적 재능에 장기간 이뤄진 무패의 성적으로 슈퍼스타 이미지가 더해진 카파블랑카였지만 『체스의 기본』에서 그는 자신이 오프닝 연구에 소홀했음을 솔직하게 고백하고 반성합니다. 그는 패배에서 배울 게 있다고 믿는 사람이었으며 그를 증명하듯 이 책에서 자신이 패배한 경기들을 다수 수록하여 무엇이 잘못됐고 어떻게 해야 나아질 수 있는지를 검토함으로써 자신이 한 말을 지킵니다. 심지어 하이퍼모던 이론은 비판하지만 님조위치가 고안한 오프닝은 호평하며 직접 구사하기도 합니다. 이러한 면모는 카파블랑카의 겉으로 보이는 화려함 너머에 자리하고 있었던 진지한 체스 연구가의 모습을 보여 줍니다.

『체스의 기본』이 100년 후에도 유효할 것이라는 카파블랑카의 말을 증명해 주는 사례가 하나 있습니다. 바로 미국의 그랜드마스터이자 체스 연구가인 닉 드 퍼미안Nick de Firmian이 2006년에 이 책의 개정 확장판을 낸 것입니다. 책의 틀을 다소 바꾸고 기존 예제를 빼고 새로운 예제를 더하는 등 원전에 손질을 가한 닉 드 퍼미안 버전의 책은 카파블랑카가 의도한 가치를 훼손했다는 비판을 받으며 찬반양론에 휩싸였습니다. 물론 나관중의 『삼국지연의』가 무수한 시간을 통과하면서 계속적으로 새로운 『삼국지연의』들을 내놓은 것처럼, 새로운 개정으로서의 주석과 편집을 통한 재해석은 책의 수명을 연장시키고 영원성을 담보하는 일입니다(본 번역 또한 예외가 아닙니다). 닉 드 퍼미안 버전은 『체스의 기본』이 그러한 가치가 있는 책임을 증명한 사례이기도 하며, 그로 인한 찬반 논란에는 『체스의 기본』이 카파블랑가의 밀처럼 100여 년의 시간이 흐른 다음에도 전해 주는 현재성이 여전하다는 의미가 있다 하겠습니다. 이번 번역 작업을 진행하면서 닉 드 퍼미안의 책을 구하여 그 내용을 확인해보고자 했으나 현재는 품절된 상태라 구할 수 없었던 점은 아쉬운 부분입니다.

3.

개념미술의 이론적 배경을 수립하고 실행하여 현대 미술을 재탄생시켰다는 평가를 받는 작가이자 프랑스 체스 대표팀 소속의 선수였으며 카파블랑카와 대국하기도 했던(물론 패배했습니다) 마르셀 뒤샹은 다음과 같이 말했습니다.

> "모든 예술가가 체스 플레이어는 아니지만,
> 모든 체스 플레이어는 예술가다."

미학 논문 몇 편은 만들 수 있을 마르셀 뒤샹의 예술관과 체스와의 밀접한 관계는 잠시 제쳐 두고 체스를 두는 일을 예술로 평가한 뒤샹의 말에만 집중해 보면, 체스가 인류에게 주어진 보편적 문화임을 꿰뚫어 보고 있음을 알 수 있을 것입니다. 사실 코로나 19가 지배하는 현 시대에 체스는 인류가 즐기는 가장 거대한 문화 중 하나입니다. 넷플릭스 드라마 「퀸스 갬빗」의 대성공과 영미 서구권에서의 보편적 인기 외에도 동유럽에는 러시아를 비롯한 전통적인 체스 강국들이 있습니다. 아시아 또한 체스와 장기의 원형인 차투랑가가 탄생한 인도에서 엄청난 인구가 체스를 즐기고 있으며 중국도 그랜드마스터들을 배출할 정도로 체스의 인기가 넓고 깊습니다. 이러한 저변은 체스가 문화이자 게임이자 마인드 스포츠로서 사람들이 서로 교류하고 소통할 수 있는 효과적인 매개가 될 수 있다는 의미이기도 합니다. 그렇기에 우리나라에서의 체스의 미래 또한 더 넓은 세계로 나아갈 하나의 열쇠로써 기능할 수 있으리라는 기대 또한 가능할 것입니다.

체스의 기본

초판 1쇄 발행 | 2022년 2월 18일
4쇄 발행 | 2024년 8월 5일

지은이 | 호세 라울 카파블랑카
펴낸이·책임편집·옮긴이 | 유정훈
디자인 | 우미숙
인쇄·제본 | 두성P&L

펴낸곳 | 필요한책
전자우편 | feelbook0@gmail.com
트위터 | twitter.com/feelbook0
페이스북 | facebook.com/feelbook0
블로그 | blog.naver.com/feelbook0
포스트 | post.naver.com/feelbook0
팩스 | 0303-3445-7545

ISBN | 979-11-90406-13-0 03690